总主编

羽田正

东京大学 东洋文化研究所 教授

在全球化进程不断加快的今天，比起将世界分成若干个地区和国家记述的"纵观的世界史"，描述地区之间的人际交流或与人们生活相关的、"横观的世界史"的重要性愈来愈受到关注。在本丛书的各册里，每册将历史"横切"成四个时代，自始至终，纵览各个时代的人类社会的全局，尽可能地将各时期的世界全貌纳入视野。

各个时代分别用"社会结构"和"民众生活"这两种视点描绘的地图和插图展现出来。历史虽然有国家之间、统治者之间交织抗争的一面，但是，民众的日常生活和文化变迁等也是同样重要的一个侧面。请大家从多方位视角体会把握历史的有趣之处。

我们现在生活的这个世界与过去的人类社会相比，有何不同？哪里相似？试通过这套丛书一起思考。

横切·纵览·俯瞰！全景世界史 中文版序

了解过去，换言之，以史为鉴到底意味着什么？这绝不意味着只是单纯地对过去的事实进行确认。只有了解了过去，才能更好地理解现代世界的特征，把握如何正确行动。这是学习历史的意义所在。历史，是为生活在现代的你我服务的。世界上没有与现代无关的历史。

但是，值得引起我们注意的是，历史并非只有一种。即便是同样的事情，因时代、地点加之描写、学习历史的各种人的立场等不同，其观察的结果也会不尽相同。这一点，在世界史领域尤为明显。为此，本系列丛书提出了一种新的研究世界史的方案，从横向角度观察同一个时代的世界，描述那个时代的世界整体特征。即如果将世界史比喻成一块织布，我们尝试了从注重其横向的"纬线"角度进行了诠释。传统的世界史一般是从国别史，即沿着纵向的"经线"角度理解过去的，因此，这是从新的角度观察过去的观点。当今世界整体联动，无论做什么事都必须意识到整个世界的状况，可以说，这是一部适合现代的世界史。

这套丛书主要是以中学生为对象撰写的，为了便于阅读，我们尝试了使用绘画和地图与文章相结合的方式，立体地说明过去的世界。因为原本是用日语出版的，所以，各个时代的社会结构和民众生活解说的6幅画中都有一幅是日本列岛的历史。另外，因为是日语版的中文翻译，所以，丛书里的记述可能与大家在学校里学的世界史或中国史略有不同，记载了以往教科书里没有的事项。诚如以上所述，历史可以有各种认识。对此，我希望大家抱着"发现"这种认识或理解方法的心情阅读，并感受到其中的乐趣。

2013年3月，东京大学与复旦大学的研究生和博士后研究员在复旦大学文史研究院举办了交流会。我与从东京赶去参会的宇野瑞木、内田力、佐治奈津子、鹈饲敦子、后藤绘美、寺田悠纪6人在入住宾馆大厅一起商讨策划这套日语版丛书的情景，此时此刻油然而生，回想起来不禁感慨万千。五年多的时光稍纵即逝，期间，不仅5卷全部顺利出版，更没想到，本套丛书的中文版也由复旦大学出版社出版了，这着实令人非常高兴。在此，衷心感谢推荐本套丛书在复旦大学出版社出版的葛兆光教授（复旦大学文史研究院）和准确、高效地翻译的张厚泉教授（东华大学）。期待本套丛书能与众多的中国年轻读者见面。

羽田正
2018年5月

横切·纵览·俯瞰！
全景世界史 1

世界史伊始

总主编 ［日］羽田正　　撰文 ［日］宇野瑞木
绘画 ［日］落合惠子　　翻译 张厚泉

复旦大学出版社

致读者

横切·纵览·俯瞰！全景世界史丛书　序言

本丛书是为了向大家介绍从新视角考察的世界历史而编撰的。

以往的世界史书籍或教科书，是先将世界分成几个地区，然后将各地区框架内的历史按照从古到今的时间轴的顺序进行叙述，即所谓的"纵向的世界史"。与此相比，本套丛书通过几个时代，将地球和人类社会的整体纳入视野，旨在尽可能地讲解各个时代的世界性的特征。

在当今全球化不断深化的时代，不仅需要将世界划分成若干个地区描述的"纵向的世界史"，而且考察超越地区、关注与人们的交流和生活内在联系的"横向的世界史"的重要性愈来愈受到重视。

我们现在生活的这个世界与过去的人类社会相比，有何不同？哪里相似？让我们一起阅读并思考。

在这套丛书中，对各个时代分别从"社会结构"和"民众生活"这两种视角进行考察，用地图和插图的形式展示出来。一般来说，历史很容易被认为是由国家之间或统治者之间的交流与对抗构成的，但是，民众的日常生活或文化变迁，也是同样重要的一个侧面。请大家从多方位视角把握历史的有趣之处。

以世界地图为例，是以亚洲为中心画？还是以欧洲为中心画？视角不同，画出来的地图是完全不一样的。但是，我们并不能说哪种地图是正确的。因为真正的地球是球体似的、圆的，我们将其画成平面时，只是以何处为中心作画所产生的不同而已。因此，为了不局限于某一个视角所带来的偏差，本套丛书特意使用了两种地图。

作为"地球居民"，对于生活在现代的我们每一个人来说，我们所理解的历史，与其他国家或其他文化的人们所理解的历史是否一样？希望大家养成这种多视角思考的习惯。

这套丛书是日本学术振兴会"新世界史/全球史共同研究基地"建设项目的成果之一。编者与参加该国际共同研究的青年研究人员进行了广泛的交流和反复的讨论，最终形成了这套新型的世界史丛书。

真心希望各位读者能够从这套丛书中，找到世界史崭新的一面和乐趣。

总主编

羽田正

东京大学 东洋文化研究所 教授

本 书 的 框 架

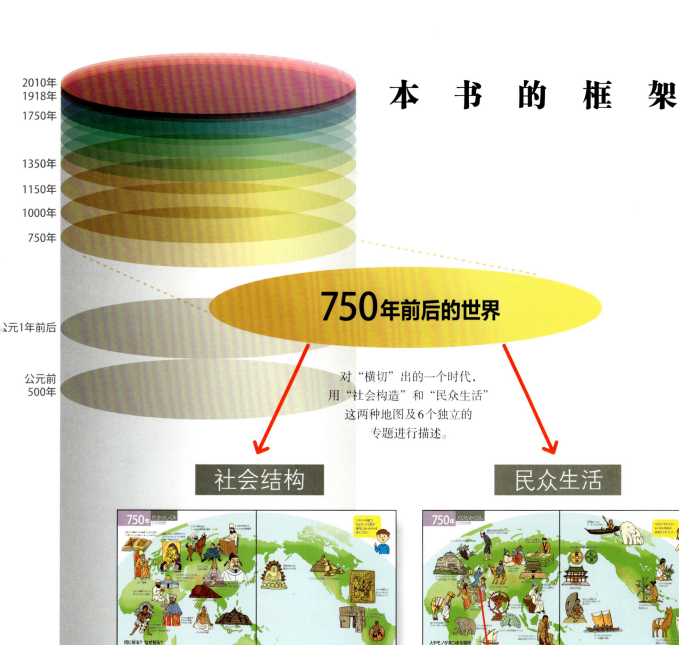

750年前后的世界

对"横切"出的一个时代，用"社会构造"和"民众生活"这两种地图及6个独立的专题进行描述。

社会结构

民众生活

地图中①~⑥的编号表示在接下来的双联页的话题中出现的地方。

本卷是"横切·纵览·俯瞰！全景世界史"丛书的第一卷。

在这本书里，我们从地球上人类出现之前开始讲起。

从46亿年前地球诞生到现在为止，大陆的形状发生了很大的变化。

现在的大陆原型是大约五千万年前，由一个巨大的大陆分裂后形成的。

在此期间，地球的气候也发生过很大的变化，温暖的时期和大范围被冰覆盖的时期交替而至。

我们的祖先——智人，大约二十万年前诞生于非洲大陆。

之后，在漫长的冰河时期，他们离开非洲，经过长时间的迁徙，

分布在除南极以外所有的大陆及其周围的岛屿。

那么，人类在各地定居后，他们过着怎样的生活呢？

本卷记述的是最古老的、从公元前5000年（距现在约七千年）起，

至公元1年前后（距现在约两千年）止的时代，我们将其"横切"成四块。

长期依靠狩猎、采集生活的人类，在公元前5000年前后也开始了农耕和游牧。

各地出现了以城市为中心的大国家。强有力的统治者

建造的大型建筑物出现于公元前3000年前后。

在亚欧大陆各地，战乱此起彼伏。当人们的

价值观摇摆不定时，各种宗教和哲学的火花绽放于公元前500年前后。

包含多民族、统治辽阔土地的几个强大"帝国"同时出现于公元1年前后。

在人类历史的初始阶段，构成我们当今世界的

基本结构和想法就已经陆续不断地出现了。

纵观各个时代的世界，我们不禁要问，

为什么会出现那样的社会结构？

那些结构又是怎样改变了人们的生活的？

这些问题值得我们思考。

公元前3000年

公元前5000年

本丛书所使用的年代

本书在表示历史上所发生的事情的年代时，

使用阳历（公历）。

因时代和地区不同，世界上有各种各样的日历。但是，

当今，世界通用的日历是16世纪在欧洲确立的公历。

这种日历是以耶稣基督诞生的那一年作为1年的。

（但现在一般认为，耶稣的诞生要更早些。）

表示比公历1年更早时，用"公元前某年"表达。

如果说公元前100年，即指从公元1年倒数的第100年。

所谓"世纪"，是表示100年为单位的时代的词语。

自公元1年至100年止是1世纪，自101年起至200年止是2世纪……以此类推。

自1901年起至2000年止是20世纪，自2001年起至2100年止是21世纪。

公元之前的时代，同样可用"公元前某世纪"表示。

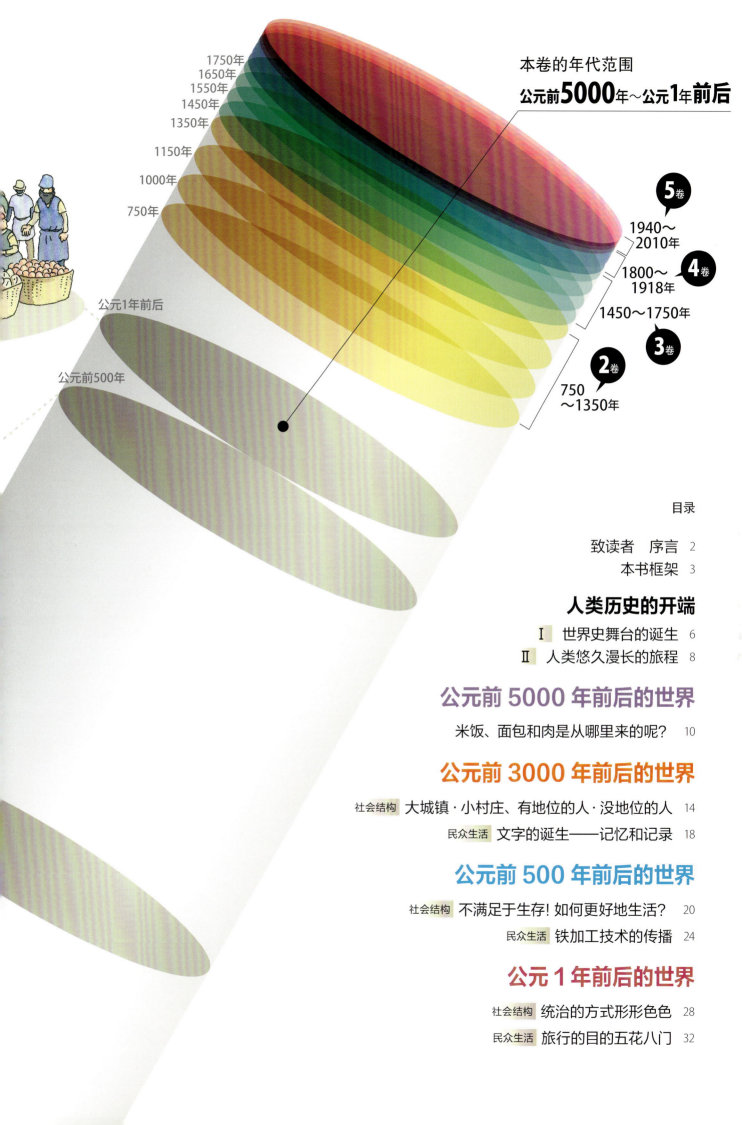

本卷的年代范围
公元前5000年～公元1年前后

❺卷 1940～2010年
❹卷 1800～1918年
❸卷 1450～1750年
❷卷 750～1350年

目录

致读者　序言　2
本书框架　3

人类历史的开端
Ⅰ　世界史舞台的诞生　6
Ⅱ　人类悠久漫长的旅程　8

公元前 5000 年前后的世界
米饭、面包和肉是从哪里来的呢？　10

公元前 3000 年前后的世界
社会结构　大城镇・小村庄、有地位的人・没地位的人　14
民众生活　文字的诞生——记忆和记录　18

公元前 500 年前后的世界
社会结构　不满足于生存！如何更好地生活？　20
民众生活　铁加工技术的传播　24

公元 1 年前后的世界
社会结构　统治的方式形形色色　28
民众生活　旅行的目的五花八门　32

人类历史的开端　I

世界史舞台的诞生

2亿5000万年前的大陆

巨大的泛大陆

大约在两亿五千多万年前，大陆与大陆之间互相碰撞，一个巨大的大陆——"泛大陆"（Pangea，即希腊语"所有的大陆"）诞生了。大陆的周围是一望无际、被称作"泛大洋"（Panthalassa，即希腊语"所有的海洋"）的海洋。沿岸的浅滩上栖息着各种各样的生物。相反，大陆的中央却是一望无际、干燥荒凉的沙漠。这个时期，因大陆撞击而引发的火山活动非常活跃，巨大陨石与地球相撞而引起的气候变化，使得地球上的大部分生物几度濒临灭绝。

1亿8000万年前的大陆

大陆开始分裂

到了1亿8000万年前的侏罗纪时期，大陆开始南北分裂，北面为劳拉西亚大陆，南面为冈瓦纳大陆。尽管如此，两个大陆之间的距离依然很近，并没有完全分离。印度也从非洲、南极、澳大利亚大陆分离出来，开始往北移动。

这时，地球气候温暖，降水量也很大，受到海洋水分的影响，内陆也出现了绿地。银杏和苏铁等大型植物枝繁叶茂，大型恐龙自由地穿梭其中。海洋里出现了鱼龙和长颈龙，空中也出现了带翼的翼龙和始祖鸟。

我们就从地球上还远没有人类的时候说起吧。大家是否知道，在很久很久以前，地球上的大陆和海洋的形状与现在是完全不一样的。大陆覆盖于地球上的几个板块（大岩磐）上，以每年几厘米的速度缓慢地漂移着。

我们所知道的现在的大陆和海洋的形状，是经过漫长的岁月，大陆的反复分裂与合并之后形成的。即便是现在，在你的脚下，尽管极其细微，板块还在一点点地移动着。因为这种漂移，形成了海岭（海底的山脉），引发了火山和地震活动。

那么，我们所知道的大陆形状是什么时候形成的呢？

冰河期降临

大约从6500万年前起，分裂之后的南美洲和非洲开始向东西方向移动。北美洲和亚欧大陆分离后，出现了大西洋。非洲与亚欧大陆相撞。印度也北上与亚欧大陆相撞，大地隆起成为了喜马拉雅山脉。于是，就形成了现在这样的大陆形状。

从这个时期开始进入了冰河时期。寒冷的冰期和温暖的间冰期交替降临，使自然环境发生了很大变化。随着大陆的分离和岛屿的出现，动物和植物也在各地区进化，各种各样的物种随之诞生。适应了冰河期的环境并实现多种多样进化的是哺乳动物。森林里有鹿、野猪、熊、猴子和类人猿；草原上有牛、羊；河流和沼泽里有犀牛和大象；沙漠里有骆驼和老鼠；大海里有鲸、海豚、海豹等。现在地球上的哺乳动物基本上全都出现了。

人类历史的开端 II

人类悠久漫长的旅程

原先生活在树上的灵长类动物开始使用双足步行,获得自由的双手使用工具后,大脑也同时增大,渐渐地变成了会说话、画画、使用火的"原始人"。

从原始人进化而成的尼安德特人(古人),拥有在洞穴里筑屋、弹奏音乐、悼念死者、制造武器和工具的文化。但是,尼安德特人并不是我们的祖先,他们被后来居上的智人(又称新人)所淘汰。

最古老的智人化石是在非洲大陆发现的、大约19万5000年前的化石。令人惊讶的是,根据遗传基因的研究结果表明,地球上所有的人类都是源于非洲同一个系统的后代。也就是说,在非洲实现了进化后变成了智人的、我们的共同祖先,在一个时期里迁徙分散后,遍布了全世界。

尼安德特人(古人)的生活

斯堪的纳维亚半岛　西伯利亚的生活

欧洲
伊比利亚半岛　黑海　里海　中亚
地中海　西亚　朝鲜半岛
喜马拉雅山脉　东亚　东海
阿拉伯半岛　南亚
红海　东南亚
智人(新人),从非洲启程　中南半岛　南海
马来半岛
印度洋

用木筏渡海、从巽他古陆迁徙到澳大利亚

非洲

袋狮

大袋鼠

※本书也适当列出了书中出现的主要地名和地区名。

那么，人类是在什么时候、又是如何遍布全世界的呢？根据研究可知，在距今至少5万年，一直到1万年前的冰河期之间，估计人类分成好几次，从非洲启程，经由阿拉伯半岛，跨越亚欧大陆，并进一步分散。

这时，地球上的很多地区比现在还要寒冷、干燥。比如现在的西伯利亚是森林地带，当时是猛犸象等生活在草原的大型动物的栖息地。另外，南极、北极、山地的冰层吸收了地球上的水资源，所以海洋的水平面比现在下降多达120米，各地的陆地是相连的。大约1万5千年前，可以想象，人类跨过相连的亚欧大陆和北美大陆之间（现在的白令海峡），第一次到达了美洲大陆。他们在那里追逐着猛犸象等大型动物，活动范围扩大到了新大陆。

4万~3万年前的冰河时期，最初的人类也来到了日本列岛。大约3千年前，也有一些人划着独木舟登上了波利尼亚的一些岛屿。

但是，人类为什么要冒着各种危险迁徙到新的地方去呢？一种可能性是为了确保食物。例如人类之所以进入了西伯利亚，是因为栖息在那里的动物体格大，从一头动物可以获取的肉量多的缘故。另外，雪和冰是自然的冷藏室，可以长期保存肉类。只要有能够抵御寒冷的住处和衣服，寒冷的西伯利亚也是具有魅力的地方。

在迁徙到太平洋诸岛的人类中，既有偶然漂流到那里的，也有逆着风向或海流、朝着预定目标的新岛屿航海而至的。可以想象，他们是按照航海计划迁移的。当一部分人到达了新的岛屿，将该岛屿的信息传到原先居住的地方之后，接着就会有更多的人接踵而至，形成一种反复的过程。

大约到了3万年前，智人掌握了用动物的骨头制作缝纫针、鞣（róu）制动物的皮革、用工具制作鞋子或带有帽子的衣服的技术。即便是在浩瀚的大海上，利用星座确定角度的知识，并且使用航海工具，也能够进行远海航行了。人类不是生物式的进化，而是具有利用工具和知识、适应新环境能力的群体。

公元前5000年前后的世界

※ 这个时代，用相同的地图表示"社会结构"和"民众生活"。

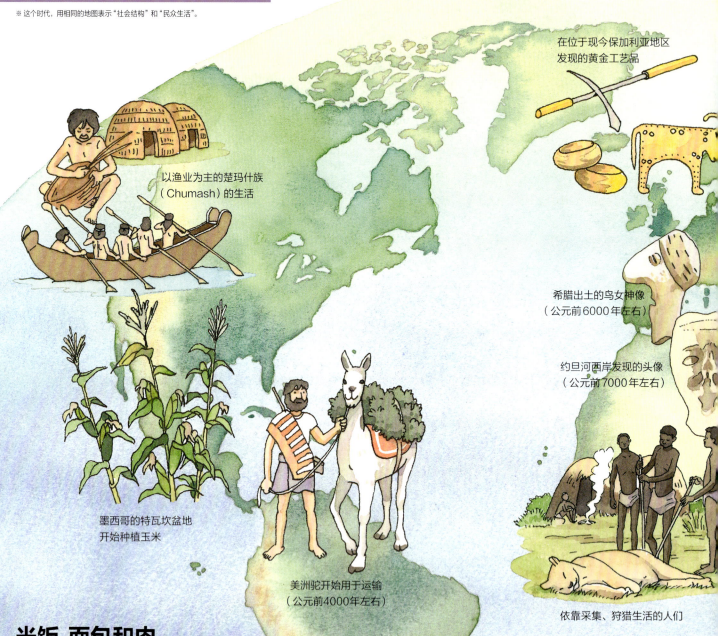

以渔业为主的楚玛什族（Chumash）的生活

在位于现今保加利亚地区发现的黄金工艺品

希腊出土的鸟女神像（公元前6000年左右）

约旦河西岸发现的头像（公元前7000年左右）

墨西哥的特瓦坎盆地开始种植玉米

美洲驼开始用于运输（公元前4000年左右）

依靠采集、狩猎生活的人们

米饭、面包和肉是从哪里来的呢？

冰河期结束后，又过了几千年，人类已经成功地适应了在自己生活的土地上出现的环境巨变，掌握了各种各样的生活本领。

这个时代，迁徙到山谷肥沃土地居住的人们，随即开始了农耕和畜牧的生活。从现在的埃及到以色列、经过叙利亚、流经美索不达米亚（现在的伊拉克）的幼发拉底河沿岸至波斯湾一带，被誉为"肥沃的新月地带"。这一带地区的雨水比现在要充足，适合种植谷物，到处都是类似于大麦、小麦的野草。人们从中选择有助于生活的品种并不断繁殖，从而在当地定居了。他们还掌握了驯化山羊等野生动物及品种改良的方法（①②）。在东亚，黄河和长江等广袤的沿岸地带，种植着麦类和大米等谷物（④）。在东南亚，也开始种植水稻、谷子、芋艿等。在欧洲部分地区，种植了谷类、豆类。美洲大陆的人们也开始了玉米的栽培和改良。

与这种将自然的动植物按照自身需要加以改良、控制的生存方式的群体不同，有些群体则选择只依靠捕猎野生动物和采集植物生活，待猎物殆尽后再迁徙到别处，继续依靠狩猎、采集而生活。

例如，在位于现在的美国加利福尼亚州附近，楚玛什

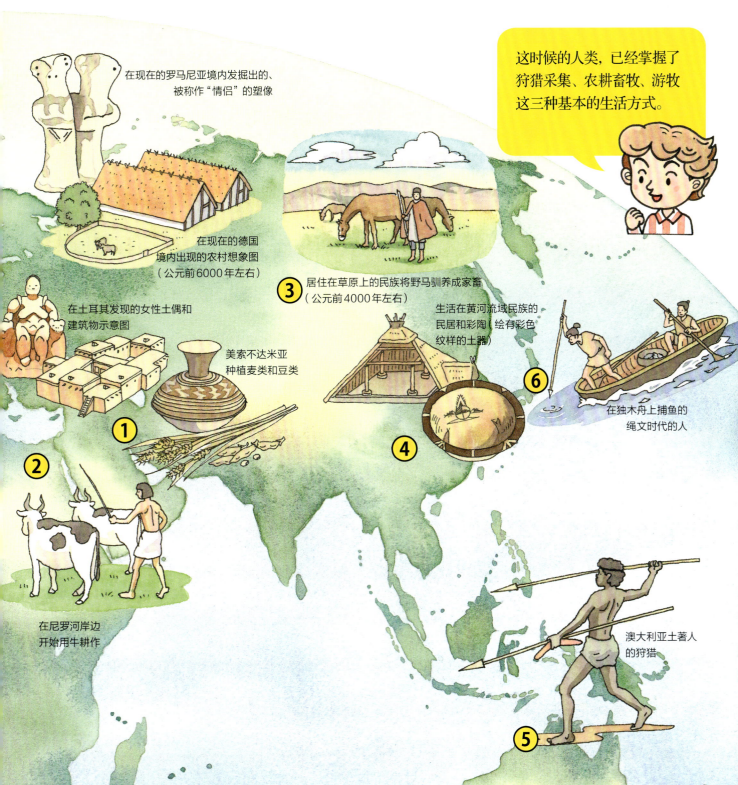

族人曾经在这里用很大的厚板制成独木舟，以捕鱼为生。随着地球气温上升，日本列岛也出现了森林。人们在森林里获得丰富的植物，在错综交叉的海岸线附近捕捞汇集在这里的鱼类和贝类，能获得充足的食物以供生活（⑥）。相反，也有像澳大利亚土著人那样，因为环境非常干燥，不适宜农耕和畜牧，所以就一直靠采集和狩猎生活（⑤）。

介于狩猎采集和农耕畜牧之间的是游牧。这种带着改良过的绵羊群和山羊群，按照季节往返于牧草地带的生活方式，主要散见于亚欧大陆中部（③）。游牧民族在放牧、饲养家畜化了的动物时，也将其作为运输食物和饮料的搬运手段。另外，这些民族因为每个季节都要迁移，所以也承担了往返地之间的交易活动。

这个时代，以农耕社会为中心，世界各地都出现了绘有特种颜色和花纹的土器（用黏土制成的容器）。土器除了用来储存粮食和烹调之外，也在仪式上起到了重要的作用。在世界各地都发现了女性模样的土偶（用土制作的人偶）。一般认为，这是当时的人类为了祈愿作物丰收、子孙繁衍而制作的。

公元前5000年 前后的世界

米饭、面包和肉是从哪里来的呢?

① 美索不达米亚是"河与河之间"的意思

公元前6000年左右,在底格里斯河与幼发拉底河这两大河流中下游地区的美索不达米亚南部,每年会河水泛滥。人们为此修筑水渠和堤防,让水流入田里,因此得以种植麦类,豆类,饲养牛、猪、绵羊,还制作有图案的土器,多余的农作物被运到较远的地区进行交易,换取金属和工具。至于用牛拉犁则是公元前4000年以后的事了,在这之前,农耕是重体力劳动。

② 定居在尼罗河河畔的人们

埃及的尼罗河是世界上最长的河流,流经之地都是沙漠,最终注入地中海。尼罗河一到夏天,上游的降水就会引发洪水泛滥。但是,洪水退去后留下了富饶的土地,造就了尼罗河流域丰富的农作物。古代埃及人的生活节奏,是由尼罗河每年定期的洪水泛滥形成的。他们将这片造就自己文化的肥沃土壤称为"黑色土地",以此与周围荒芜贫瘠的"红色土地"区别开来。

③ 游牧民族是商业高手?

游牧民族选择的是既不依赖固定的水源定居,也不单纯依靠采集或狩猎的生活方式。他们的生活风格是将绵羊和山羊等动物家畜化,让动物运载最低限度的食物和生活物资,在夏季和冬季分别往返于既定的牧草地之间。在欧亚中部的草原,一边放牧绵羊一边迁徙,顺便运输物资进行交易,所以生活过得很滋润。

若能种稻，就能养村

中国的长江流域已经过着吃大米的生活了。大米的营养价值和生产率高，可以支撑众多人口的生活。不过，种稻要用手一株一株地插秧，相当麻烦，并需要看准适当的时机用水浸种。由此可知，这时的灌溉技术和有计划地种植、准确把握季节的方法已经很发达了。同时，生产水稻孕育出了大规模的社会组织。定居在长江下游的人们，至少在公元前5000年就确立了灌溉技术，使用木制或骨制的农具，一年似乎已经可以收获3次稻了。

坚持狩猎采集的澳洲原住民

人类最初并不是在固定的土地上生活，而是靠狩猎动物、采集果实为生，没有食物可采集的话就迁徙到其他地方去。现在，这种生活方式已经基本上看不到了，但是，居住在澳大利亚的土著人直到最近还过着类似的生活。经常移动的生活最好是轻装行动，随身只带尽量少的生活必需品，生孩子的时间也最好有一定的间隔。所以小部落为单位的生活是基本形式，东西都是大家共享的。另外，他们擅长画画。

海平面竟然比现在高出5米

这时，整个地球的气温上升达到顶峰。平均气温比现在高1~2℃，西日本到东日本的沿岸洼地，栲树、樟树等阔叶树郁郁葱葱，羊齿类植物枝叶茂盛，所以橡子和羊齿类的山菜、蘑菇等食物充足。另外南极和北极的冰融化后，海平面比现在高出近5米，日本列岛很多地方都出现了海湾水岔，鱼和贝类都聚集到了那里。绳文人受惠于全球变暖带来的森林和大海的恩泽，形成了较大的村落，过着用独木舟捕鱼、制作土器的生活。

公元前3000年前后的世界

※这个时代，用相同的地图表示"社会结构"和"民众生活"。
民众生活Ⓐ～Ⓕ的说明在 18～19 页。

英格兰的巨石阵
爱尔兰纽格莱奇墓的巨石神殿
土耳其周围形成的黑曜石的石器
原本食用的马被用于拉车
黄河流域制作的黑陶容器
地中海的马耳他岛发现的列石
植被丰富的撒哈拉开始了畜牧
喝啤酒的美索不达米亚人
沿尼罗河溯流而上的船只和胡夫王的金字塔
东南亚制作的青铜器
遭到砍伐的新几内亚森林
土著人演奏乐器

大城镇·小村庄、有地位的人·没地位的人

　　这个时候的地球，人们开始集中居住在水源充足和土壤肥沃的大河附近。为了防止每次洪水泛滥的季节带来的危害，有效地控制水田里的用水供给，村与村之间联合起来修筑了水渠和堤防。当然，有时也会因争夺水资源和土地的权利而发生争斗。在这一过程中，出现了指挥大规模工程的领头人，具有掌管各个村庄职责的"城市"诞生了。城市里出现了各种各样的职业，因此也产生了不同的生活方式。人们制定了决定如何处理事物的政治机构和法律，开始出现了"国家"雏形的城市。

　　美索不达米亚南部贯穿着底格里斯河、幼发拉底河，自古以来就是农耕兴旺发达的地方，以神宫为中心的社会构造已经发达成熟。在城邦国家乌鲁克，为了管理和分配作为税收征缴的谷物，开始出现了"文字"（Ⓐ）。可以说，文字是人类最大的发明。人类通过使用文字，可以准确记录超过大脑储存量的许多信息。而且，文字还可以传输到远处，也可以留传给下一代。

　　同一时期，在美索不达米亚西部的埃及，统一了尼罗河河口和中游地区的王者在那里建立了大型国家（②）。古

代埃及的首都孟菲斯,依靠与其他地区的交易、国内征集的粮食和物资而繁荣了起来。这些是使用一种图形文字(圣书体),用芦苇笔在纸莎草纸上记录下来的(Ⓑ)。国王被当作神而受到崇拜,除了命令民众将谷物作为赋税缴纳之外,在尼罗河泛滥成灾、农田无法耕作的夏天,还命令民众从事建造巨大的金字塔的工作。

在民众稠密、聚集居住的地方,往往会建造巨大的、能成为象征的建筑物。欧洲的森林深处的农耕民族也在各地留下了巨大的石筑建筑物。中国的黄河流域,筑起了有城墙的大城市(⑤)。

另外,在太平洋南部独自进行农耕的新几内亚岛,这个时候已经在为扩大农地而砍伐森林了。

与此相对应,各地也有依靠狩猎生活的社会。北极地区也出现了村落。那里的人们猎捕海豹等动物,最大限度地利用现有资源,过着独自的生活(①)。尽管还很少有农耕民式的城市社会,但是位于现在的日本东北地区,出现了巨大的村落,村落里建有着高大的瞭望台(⑥)。

公元前 3000 年 前后的世界 社会结构

大城镇·小村庄、有地位的人·没地位的人

① 人类，踏入极寒之地！

在亚欧大陆和北美大陆还处于陆地相连的冰河时代末期，有一部分人为了追猎大型动物而踏入了美洲大陆。他们的子孙后代，既有移居到南部地区的，也有滞留在极寒地区的。他们住在一种用雪块制成的圆顶小屋里，穿着用海豹肠制作的衣服，用海豹皮包裹木框架制成小艇，靠狩猎驯鹿和海豹维持生活。这种独特的生活方式，在公元前2000年左右就已经形成了。

② 成为神的国王（法老）

说起古代埃及，要数金字塔最有名。最大的金字塔是公元前2550年左右建造的胡夫王的坟墓，高达147米，使用了230万个石灰岩块，最大的一块重达15吨。在没有起重机等机械的时代，只有用木材、绳索等工具和人力来建设。动员的石匠、工匠、体力劳动者超过了数万人。建造一个人的坟墓竟然需要动用数万人，或许令人觉得不可思议。不过，当时的人相信，古代埃及的国王（法老）是太阳神拉（Ra/Re。——译者注）的化身，死后会在天上守护国家。

③ 驰骋疆场的马车

在美索不达米亚，公元前3500年左右发明了车轮。最初只是用于运输的货车，或者作为辘轳用在制作精巧的机器上，但不久让驯化了的马牵引车轮，用在了两个轮子的战车上。美索不达米亚的城市因为有运河连接贯通，贸易发达，但围绕水资源和土地的权利，城市之间也经常发生争斗。另外，由于地形开阔，不断受到来自周围的山民和叙利亚沙漠游牧民族的攻击，所以才会设计出这种强有力的武器吧。

是谁？缘何？巨石阵之谜

在这个时期，欧洲各地都出现了巨大的列石。英国的巨石阵是举世闻名的，法国西北部也发现了卡纳克巨石林。这种被称为史前巨石柱的、笔直竖立的巨石，通常排成2列，可能是用于某种仪式队伍的通道。也有一说是与观测星星有关。但是，卡纳克巨石林很可能是墓地，也有可能这些墓群后来形成了灵域圣地。相关现象还有很多疑问尚未解开，现在仍然是一个扑朔迷离的谜团。

武装城市和黑色器具

中国黄河的中游至下游，生活着一个拥有制作精巧陶器技术的民族。他们将毛坯器具用旋盘加工，达到厚薄均匀后，用高温烧制成黑色的器皿，当地留下了很多这种叫做黑陶的器具。其中，三脚烹饪器皿、餐具、仪式用的器皿尤具特色。制造这种陶器的文化中，最大型的是在山东省发现的、公元前2500年左右的城市遗迹。这座城市有用夯实的土构筑的长1公里的四方城墙，有道路和水井、烧制陶器的窑、大型的墓地等，甚至有类似天文台的建筑。从规格不一的墓地可以看出，这个时候已经出现了身份的差异。

东北惊现！七个东京巨蛋大的巨大村落！

东京巨蛋（东京圆顶球场）面积约为1万3千平方米，可容纳5万5千人。很难想象，位于现在的日本青森县附近，出现了比这个球场7倍还要大的巨大村落。在这个被称为三内丸山遗址的巨大村落里，有一个用六根柱子搭建的、三层的巨大建筑，犹如标志性建筑般一样耸立在那里。大型竖穴住居和高脚仓库鳞次栉比，估计有数百人在这里生活。这里还出土了许多薄板状的土偶。人们在村庄的周围种植栗树、核桃树等果树，还栽培了荏胡麻、葫芦、牛蒡、豆类等作物。

公元前3000年前后的世界 民众生活

文字的诞生——记忆和记录

A 最古老的文字,是为行政记录而诞生的

在美索不达米亚最古老的城邦国家之一的乌鲁克中央地区,已经出现了掌控地方行政的巨大公共设施。最古老的文字(原楔形文字)就是在那里诞生的。从新石器时代起,就已经开始使用弹子儿一样的粘土粒和印章记数字的方法。在此基础上,经过创意加工,在粘土板上刻下表示数字的弹子形状,旁边加上代表谷物、动物等图文字,用文字记录的方法就这样发明出来了。这种文字简化后,就成了用三角形的线组合起来的楔形文字。

B 古代埃及人制造的纸莎草纸

在埃及,出现了一种叫做纸莎草纸的纸张,原料是一种草秆直径3~4厘米粗细、高近2米的纸莎草。剥下其草秆的皮后切成段,纵横交错地放在石台上,用木头或石头捶打压扁,干燥后就变成一张纸。将纸连接起来就可以卷成卷轴状使用。纸莎草纸的发明,使得之前只能依靠记忆传承的法律、商业交易等得以用文字记录下来,并传播到远处,或留给下一代。英语单词"纸"(paper)也来源于纸莎草纸(papyrus)。

C 丝绸品的出现与图案奇异的器具

丝绸的纤维是蛾的幼虫——蚕吃了桑叶后从口中吐出的丝编织而成的。这个时期,黄河中游地区依靠农耕生活的人们已经开始用蚕丝编织丝绸了。此外,他们制作了许多绘有人面和鱼组合的图案奇异的器具(彩陶),其寓意尚无法确定,据说鱼的图案蕴含了祈愿子孙繁荣的意思。

厕所、沐浴设施完备！

古代社会当然没有抽水马桶。但是这个时代已经出现拥有完善的排水系统的城市了。位于现在的巴基斯坦印度河沿岸的莫亨朱达罗就是这样的城市。棋盘格状的道路下面铺设了排水道，各家的厕所和浴室的污水可以直接排放到居住区之外的处理场地。为了管理污水，甚至还装有窨井盖。如此高度发达的城市规划背后，不禁令人联想到一定是有一个强有力的权力体制在起作用。但是，直到现在为止，仍然没有发现宫殿或王墓的踪迹，也没有发现什么奢侈品。

玉米是中南美地区的主食

原产于现在的墨西哥一带的野生玉米，最初只有极少数的玉米颗粒，古代的农民们经过各种杂交，对品种进行了改良。经过艰辛的耕耘，这个时期，玉米已经取代了之前的南瓜和豆类，成为主要的粮食。据推测，同一时期，位于现在的秘鲁内陆地区的村落也开始种植玉米和棉花了。美洲这种独特的农耕发展表明，农业不是从一个地方开始的，而是世界各地在不同时期发展起来的。

这时的撒哈拉是绿色的！

在撒哈拉沙漠的中央地区，有很多绘有图案的石头和岩石。画中出现了大象、河马、犀牛等喜欢水的动物。据此可知，过去这里是水源充沛的河流绿色的平原。另外还可知的是，这片土地上生活的人们从狩猎逐步过渡到饲养家畜的生活模式。他们既放牧牛和绵羊，也从事农耕，并在洞穴里画画、制作形状优美的器皿。但是，到了公元前2000年前后，雨季逐渐变短，这里不再适宜农耕，于是这里的人就迁徙到其他地方去了。

公元前500年前后的世界 社会结构

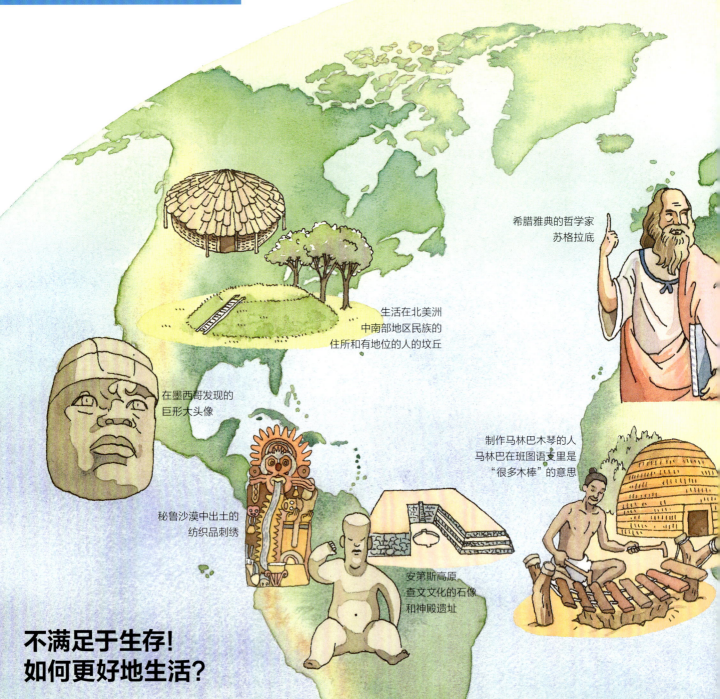

不满足于生存！如何更好地生活？

　　这个时期，世界各地的交易活动变得活跃起来，物资和人口集中的城市越来越大了。与此相对应，富人和穷人的生活差距也扩大了，财富和权力只掌握在少数特权阶级手中的弊端也出现了。另外，这个时期也是世界各地大战乱的时期。因为战争，人们的正常生活遭到破坏，在反反复复、弱肉强食的争斗中，开始产生了"应该相信怎样的生活""什么是正确的"的疑问。在这种情况下，对作为社会结构基础的价值观进行反思，思考能够让大家都幸福的、新的社会结构的人士随之登场。

　　在面朝地中海的希腊，由于频繁的交易与殖民活动，很多城邦国家应运而生。特别是在雅典，人们喜欢公开陈述自己的想法和对观点进行辩论，市民参与的新型政治体系受到考验，这被认为是民主主义的起源（①）。在意大利半岛的一个城市罗马，国王遭到驱逐，出现了由贵族构成的元老院承担起实质性统治的共和体制。

　　统治着西亚一带的波斯王大流士一世在位于现在的伊朗境内建造了首都波斯波利斯，并且以首都附近的苏萨为起点，建造了一条直通地中海、长约2700公里的波斯御道。

　　在波斯御道上，开设了提供餐饮的宿舍，配置了警卫

兵，商人们可以放心地从事交易。另一方面，大流士一世向位于现在的土耳其一带派出了军队。受到侵略的那些地方的人们奋起抵抗，于是，希腊的城邦联合起来对受到进攻的地方提供了援助。以此为导火线，引发了此后持续半个世纪的波斯战争。

在持续战乱的中国大陆，也活跃着周游列国、向君主宣传政治和社会理想模式的思想家。既有重视孝敬父母、忠于君主等人类社会秩序的"儒家"（②），也有与之相反的、主张对人关系与政治都应该遵循自然根本之"道"的"道家"，以及主张用"法"治理国家的政治为理想的"法家"

等。在大小相似的国家互相竞争势力的印度，释迦牟尼开始传播如何将灵魂从人世的痛苦中解脱出来的思想（③）。

无论是在东南亚的热带雨林，抑或是大洋洲的干燥地带，以及北极地区等各种地方，有很多是在顺应当地风土生活模式的基础上发展形成的社会。亚欧大陆中部的游牧民们为了寻找牧草地经常移动，随着骑马技术不断发展，军事力量节节提高，南北美洲大陆的人们在各自独有的文化基础上建造了大型建筑物。

在日本列岛的北九州，受到大陆文化的影响，也渐渐出现了身份差异等变化（⑥）。

公元前500年前后的世界 社会结构

不满足于生存！如何更好地生活？

① 雅典的城邦结构

梭伦（Solon）是希腊城邦雅典的政治家，他开创了议会。只要是雅典的男性，谁都可以参加每周1次的议会会议。以"市民"为主体的社会就这样诞生了。市民代表在议会里就重要的事情互相商量、做出决定，成为现在民主主义的基础。不过，女性和奴隶还没有参与的权利。尽管如此，以自己为主体思考社会治理的风潮在当时的雅典城邦已经出现了。城市的中心还有供市民聚会交谈的广场。

② 君子求诸己！

在中国大大小小列国分立的时代，孔子抱着治国良策周游列国寻求仕宦的机会，连续14年遭到了拒绝。但是，不畏逆境、坚持教导的孔子周围聚集了许多弟子。孔子的目标是：不依靠政治制度，而是通过端正个人从而达到改善全体社会的教育的目的进行改革，主张君主也要首先自我修身养性，躬行亲民。这种想法虽然对于当时的君主们来说完全无法接受，但是，后来成为儒学——这一构成东亚社会基础的重要思想。

③ 这个世界是痛苦的

人，降临到这个世界上的瞬间就开始变老，会遭受疾病之苦，最终必定死亡。释迦牟尼出生在印度北部一个有势力的家庭，过着非常自由的宫廷生活。29岁时，他突然感悟到这个世界除了痛苦还是痛苦，于是放弃所有，离家出走了。经过六年反反复复的苦行后，他在菩提树下冥想，35岁时终于大彻大悟。那就是抛弃世上所有的欲望，就能从痛苦中解脱出来。他的教诲发展成佛教——世界性的宗教，现在仍有很多国家的信徒信仰佛教。

世界上第一家医院

世界上最古老的医院，即仅以治疗疾病为目的的建筑，最早建造在位于现今印度东南地区的斯里兰卡。在斯里兰卡古代僧伽罗王朝的记录里，有国王为了保持首都的公共卫生而建造了医院的记载。在这所医院里，使用草药和巫术等方法进行治疗，患者中也不乏患有结核、天花、麻风等重症的病人。这种设施在数百年之后才在印度本土建造，在罗马帝国和波斯帝国就更晚了。

在亡国的痛苦中诞生的犹太教

公元前586年，犹太王国受到新巴比伦王国的攻击，神殿遭到破坏。当时，很多犹太人作为俘虏被掳走。起初，犹太人认为"我们的神是不是输给了巴比伦"，并为此感到苦恼，但不久他们就改变了想法，认为"巴比伦只不过是神给我们的惩罚而已"。这里所说的犹太的神耶和华不只是一国之神，而是创造全世界的、推动历史的、唯一绝对的神的意思，与现在的犹太教思想相通。大约五十年后，被解放的犹太人又重新回到了耶路撒冷，并再次建起了神殿。

日本九州地区开始种植水稻

这个时期，日本九州北部的几个村子里从朝鲜半岛传来了种稻的技术，开始修筑像样的水田。他们从附近的河流引进水源，已经知道如何控制用水了。另外，为了防御外敌入侵，村庄周围用壕沟围了起来，也能制作此之前从未出现过的、前端尖锐的、磨制石器的武器。这样，随着新技术的采用，人们开始萌发出战斗和防御的意识，也出现了社会地位的差别。

公元前500年 民众生活前后的世界

铁加工技术的传播

　　铁是我们生活中常见的金属之一。从汽车到建造大楼的钢筋，如果没有铁，现代生活就无从谈起。

　　铁原本并不是地球上的物质。距今大约45亿多年前，小行星与地球发生了冲撞，冲击的过程中诞生了月球，铁这一物质也由此散布到了地球各处。因此，铁是地球上各地都能发现的物质。铁比青铜坚硬，形状也很容易改变，是人类文明不可或缺的物质。

　　但是，要用好铁，必须具备将铁矿石从地底下取出来并进行加工的技术。因此，虽然从青铜时代转向铁器时代的时期，因地区而截然不同，但在这个时期，地球上许多地区已经能够进行铁加工了。

　　那么，铁用在哪些方面呢？还有，使用铁之后，人们的生活发生了怎样的变化呢？这个时期，铁器主要使用在农具上。铁制农具的出现，使原本用木制或石制的工具根本无法耕作的硬质粘土型土壤变得可以耕作，地球上的农地面积也就扩大了。统治者们让民众不断开垦荒地，欧洲和非洲、印度等可供集体迁移、居住的土地也随之扩大了。生产出的农产品又促使人口增加，催生了新的文化，甚至

引发了社会结构的变化。

在印度，拥有铁器的雅利安人支配着其他民族，拉开了地位和身份的差距。在中国，北方开阔的荒野得到开拓之后，出现了强有力的豪族（①）。与此同时，铁的技术也给自然环境带来了变化。这一时期，人类开始寻找制造铁器所需要的铁矿石和作为燃料的木材，各地森林开始遭到破坏。

铁制的工具同时也成了武器。地中海的塞浦路斯岛已经使用了铁制的武器。在接连不断的战争中，人们需要更强大的武器，铁的加工技术也得到了提高。在地中海沿岸的希腊建立城邦的，就是带着铁制武器迁徙到这里的移民（③）。

当然，地球上的其他地区，也有许多民族一直过着与铁无缘的生活。生活在美洲的人们，将柔软易加工的金、银、铜制的珠宝首饰和工艺品视为信仰和权威的象征（⑤）。在朝鲜半岛刚刚出现铁器文化的同一时期，日本列岛的东北地区制作了类似绳文文化的、具有独特造型美的土偶（⑥）。

公元前500年前后的世界 民众生活

铁加工技术的传播

1 铁的使用始于农具

在中国大地上，用鼓风炉将铁矿石熔化后，倒入翻砂模具生产工具的技术已经成熟了。但是早期的铁器比较脆弱，并不适用于制造武器，而主要用于农具。在此之前，人类是用石头、木头或骨头制作农具的。用牛拉铁犁耕地的方法发明后，农业效率有了飞跃性的提高。另外，使用了铁制的锹镐之后，原来那些无法开垦的硬质粘土型土地也可以大量耕作了。中国的北方耕地面积扩大后，工商业也发达了起来，有实力的豪族兴起的时机到来了。

2 擅长工艺的凯尔特人

凯尔特人是公元前800年左右居住在现在的奥地利附近的农耕民族，他们崇拜自然，使用凯尔特语。凯尔特人拥有独特的美术才艺，特别是将曲线、抽象图案融入金、银、铁等的加工技术非常出色。他们往意大利半岛出口矿物、盐、琥珀、奴隶，进口金属和陶瓷壶、武器、宝石、首饰、葡萄酒等。当时的罗马人认为阿尔卑斯山脉以北是野蛮民族的地盘，但凯尔特人独特的审美观，即便在现代也仍然令人赞叹。

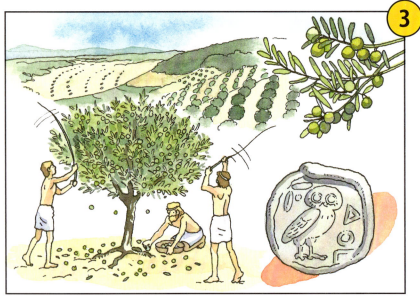

3 橄榄是希腊的生命线

地中海沿岸的希腊，夏天非常炎热干燥。岩山荒凉、土地贫瘠的希腊不适宜农耕，但却最适宜种植果树，特别是橄榄树。橄榄油除了食用之外，还用于油灯的采光、化妆品的制造、药用等各种各样的用途，对希腊来说，是和葡萄酒一样重要的出口产品。出口橄榄换回的是欠缺的粮食。雅典人相信，橄榄是女神雅典娜带来的神圣的树，他们将其与雅典娜的使者猫头鹰一起刻印在银币上。

铁和赤陶的民族

居住在撒哈拉沙漠以南、位于现在的尼日利亚地区、被称为诺克族的农耕民族，留下了很多用黏土制作的、素烧的赤陶头像。梳理整齐的发型、用空洞代表的眼睛、串珠的装饰等是其特征。另外，他们在浅孔形的铁炉里熔解铁矿石，掌握了打造铁箭、铁刀、铁矛、铁斧、铁锄等先进技术。诺克文化在公元前200年至公元前300年左右基本上消失殆尽，但是赤陶头像土偶独特的创作模式在该地区传承至今。

当时的美洲大陆

在中美洲危地马拉的佩滕低洼地的热带丛林里，从古代起就有农耕民的村落，兴起过玛雅的最早期文化。在这片土地上，公元前500年以后，出现了数个由巨大的石灰岩建造的神殿、广场、王墓等组成的大规模城邦。例如，直到1926年才在森林里发现的、米拉多遗址里的两个巨大的金字塔。另外，我们可以认为，这个时期的社会结构已经从此前朴素的农耕社会，转向了由贵族统治的城邦国家。

绳文人是伟大的艺术家

在日本九州的弥生文化刚刚诞生时，东北的绳文文化已经进入了尾声。在绳文时代晚期，出现了龟冈文化。该遗址因在后来的江户时代出土了"稀世土陶"而闻名，从那时起，这里被称为"瓶冈"（"瓶""龟"的日语汉字训读同音。——译者注）。特别是被称为"遮光器土偶"的那个土偶，占了大半张脸的巨大眼睛、眼睛上刻的一条横线、粗粗的手腕和短短的腿，具有一种令人惊叹的造型美。

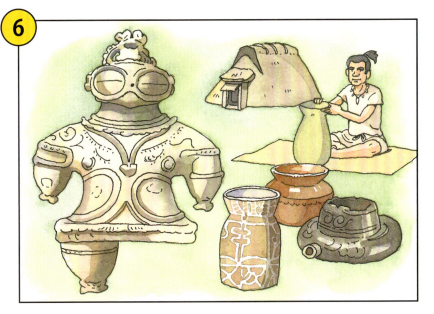

公元1年前后 社会结构的世界

统治的方式形形色色

　　这个时期，地球上有几个被称为"帝国"的强大国家同时并存。所谓帝国，是指一个政治权力可以将各种各样的民众、宗教、文化等错综复杂地包括在内，并统治广大领土的制度。其代表性的例子，就是这个时期在整个地中海里具有强大势力的罗马帝国。罗马在统一了意大利半岛之后，在恺撒将军等人的征战下，接连将高卢（位于现在的法国）在内的欧洲诸国纳入了统治范围。推行独裁政治的恺撒被杀后，养子奥古斯都登上了罗马帝国首任皇帝的宝座（①）。

　　与统治亚欧大陆西侧一带的罗马帝国相对，在大陆的东侧，有一个称作"汉"的强大帝国将东亚各个地区纳入了统治范围。汉朝的最高权力者是天子（天帝之子）或者被称为"皇帝"，即，统治天下是获得上天认可的意思。汉朝的皇帝为了治理广阔的地区，任命自己的家族成员和家臣分别担任地方的统治者。周围的一些国家，有的抵抗汉的统治、与之交战，有的自愿接受其统治以借其权威。在朝鲜半岛，对汉朝的统治进行了一番抵抗后部分豪族获得了一定的自治权，南部出现了一些小国，其中也出现了到汉朝设置的乐浪郡（位于现在的平壤附近）进贡的国家。

　　日本的九州附近也有好几个小国家，其中也有带着朝

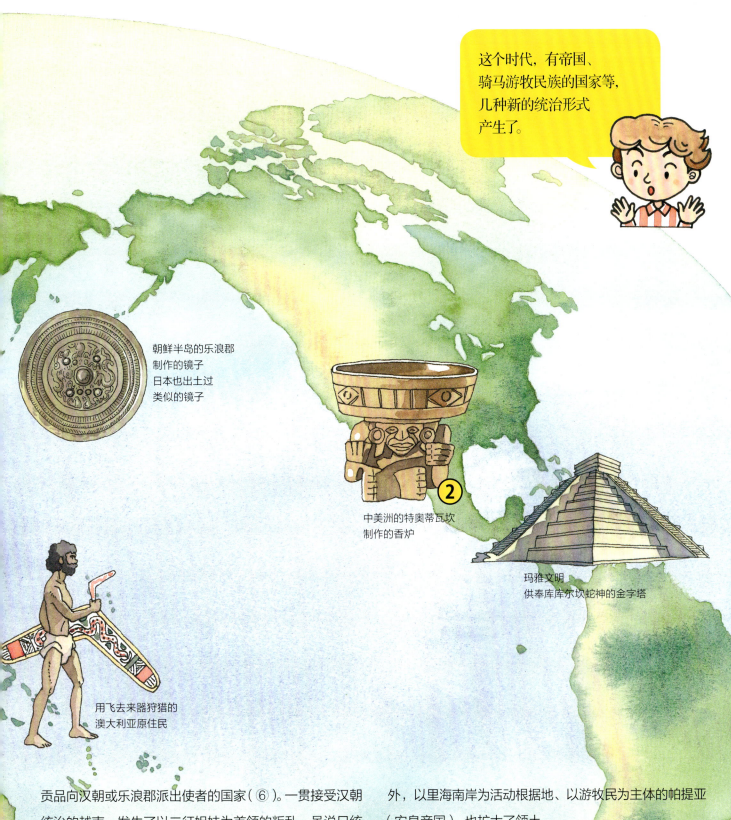

这个时代，有帝国、骑马游牧民族的国家等，几种新的统治形式产生了。

朝鲜半岛的乐浪郡制作的镜子 日本也出土过类似的镜子

中美洲的特奥蒂瓦坎制作的香炉 ②

玛雅文明 供奉库库尔坎蛇神的金字塔

用飞去来器狩猎的澳大利亚原住民

贡品向汉朝或乐浪郡派出使者的国家（⑥）。一贯接受汉朝统治的越南，发生了以二征姐妹为首领的叛乱，虽说只统治了3年，但成立了自治王国。

骑马游牧民族也依靠骑马技术具备的强大军事力量，对农耕民族国家进行侵略，接连不断地扩大领土。在中亚，有一个因为控制着东西交易要冲的绿洲而昌盛起来的国家叫做月氏。骑马游牧民族匈奴将月氏打败后，控制了亚欧大陆西侧的交易要道。对匈奴的战斗力感到棘手的汉朝，有时送去绸缎和酒等礼物，希望讲和（④）。而被匈奴俘虏的汉朝将领中，也有选择作为匈奴武将而留在匈奴的。另外，以里海南岸为活动根据地、以游牧民为主体的帕提亚（安息帝国），也扩大了领土。

当亚欧大陆上好几个帝国为争夺势力相互竞争的时候，美洲大陆上也出现了前所未有的、规模庞大的城市，作为中美洲的交易和信仰的中心而繁荣了起来（②）。与这些强有力的权力在广阔的地区产生影响的统治方式相对比，另一方面，也有像住在非洲喀拉哈里沙漠的狩猎民（⑤）那样，适应自然环境、小规模独自生活的民族。

公元1年前后的世界 社会结构

统治的方式形形色色

1 帝政的开始

所谓帝政,是指将地中海整个区域置于统治之下的罗马帝国式的权力方式。在成功地征服埃及、取得罗马最高权力后,盖乌斯·屋大维将军从元老院获得了奥古斯都("尊严者"的意思)的称号,实际上登上了第一任皇帝的宝座。每当在战争中获胜,皇帝就会在罗马市民的欢呼声中,押着俘虏和战利品举行凯旋游行。皇帝头上闪闪发光的黄金皇冠,由他身后的奴隶用手支撑着。仪式结束之前,敌军将领在市民面前遭到斩首。

2 巨大的宗教城市特奥蒂瓦坎

在位于现在的墨西哥,曾经繁荣过一座巨大城市特奥蒂瓦坎,它是该地区的宗教中心,也是覆盖中美洲整个区域的交易中转地。公元100年左右,在城市中央,建有一条被称为"死亡之路"的大道,沿着这条大道的两侧,建有"太阳和月亮金字塔"等二十多座神殿。在神殿里,许多人被献出当作活祭品。可以想象,其背后有与宗教相关的、强有力的统治者。在遗址里还发现了画有神和动物的壁画、大理石制造的面具等。

3 王者谁定?来自上天的意志

汉朝有西汉和东汉两个朝代,在这两个朝代之间,有一个称作"新"的王朝,是由王莽建立的。王莽篡夺了西汉王朝,但并非发动了战争,而是顺势利用了所谓"天命王权"——这一当时受到重视的儒家思想而篡夺了帝王宝座。当时,各种各样的天灾或不可思议的动植物纷纷出现,这些都被认为是上天意志的表现。王莽其实是利用了这种神秘思想和古文献,让汉朝皇帝将帝位禅让给自己的。但是,他建立的新朝也仅仅延续了十五年,就被汉朝的皇族刘秀(东汉光武帝)所灭。

亚欧大陆中部的骑马游牧民族的国家

一个叫做匈奴的游牧集团在欧亚中部建立了最早的游牧民族国家。他们在被称为"单于"的王的领导下，以牧马和放羊迁徙为生，凭借骑马和弓箭技术的强大军事力量，统治了生活在农耕地区和绿洲的民族。西汉元帝的侍女王昭君有落雁之美，受到匈奴威胁的汉元帝，应匈奴和亲的要求将她嫁给了匈奴王。作为远嫁异国他乡的悲剧主人公，王昭君此后长期成为文学作品和绘画的题材。

会画画的沙漠狩猎民

在非洲的喀拉哈里沙漠，生活着使用石器狩猎的民族。他们充分利用自然环境的生活模式，由他们的后人桑人甚至保留到了现在。像是如何用鸵鸟蛋壳来积水、在箭头上涂毒和从树根吸树液润喉的智慧等，都传承了下来。另外，将血与粘土和石膏搅拌、用羽毛和头发或骨头画出的栩栩如生的动物画，在洞穴里也一直保留至今。在公元前100年左右，他们已经拥有了炼铁的知识，也饲养牛和羊。

倭奴国从汉朝获得金印

在日本列岛，小国之间的争斗变得激烈了起来。其中一个位于北九州的奴国，向统治中国大陆的东汉光武帝进贡，获得了一块金印，成为认可日本（倭）国王的标志。这件事被记载在中国的史书《后汉书》里。后来到了江户时代，博多湾志贺岛上的一个农民偶然发现了一块刻有"汉委奴国王"的金印，当时在遗址里还发现了与朝鲜半岛出土的巴型铜器相同的模具。由此可知，这时的日本人已经和朝鲜半岛有所交流了。

公元 1 年前后 民众生活的世界

- 法国南部的石造水道桥
- 罗马文化在周围国家的普及 高卢（位于现在的法国）建造的斗兽场
- 骑骆驼的商人队伍
- 中国世家大族的生活
- 传播基督教的保罗
- 汉朝将军张骞（qiān）为了共同打击匈奴，千里迢迢出使中亚的大月氏（zhī）国
- 因维苏威火山爆发 庞贝小镇被火山灰掩埋（79年）
- 在罗马的附属州埃及孩子的玩具也是罗马风格的
- 犍陀罗地区开始制作佛像（2世纪以后）
- 北越南制造的铜鼓
- 从遗址中出土的罗马金币
- 为获取香料驶往印度的埃及商船
- 季风交易中买卖的物品
- 从东南亚出口到罗马的鳖甲（海龟的甲）

旅行的目的五花八门

这个时代的亚欧大陆，连接各地的海、陆交易的交通变得发达，承担各种商品交换的中转城市也很繁荣。在南印度的港口，利用季风（①）的印度洋交易非常繁忙，商人们将胡椒、宝石、棉布、丝绸等货物装上大船，驶向连接着罗马的红海（③）。从印度北部到中亚一带，在皈依了佛教的国王的支持下，不久出现了融合希腊和波斯等文化风格的佛像。另一方面，将势力扩张到西亚的骑马游牧民族——帕提亚和中亚的匈奴，支配着陆路贸易的中转地——绿洲而获得利益。

当时，各地交易商品中最高档的商品是汉地的丝绸品。罗马人在此之前穿的是羊毛和麻的衣服，但富裕家庭的妇女们，流行穿戴从汉朝进口的丝绸品和印度产的棉等凉爽材料编织成的服装。而在汉朝，平民的衣服一般都是用麻制成的，丝绸被认为是有地位、有身份的人在特殊场合下才穿的服装，或者上了年纪后才可以穿的衣服。另外，丝绸品还可以代替钱（货币）使用。除了官营的作坊之外，豪族们也将生产丝绸品，作为重要的副业，从中获取财富。

发现了季风后，东西方的交易变得更加兴旺。来来往往的人、物资、信息，是如何改变了人们的生活的呢？

弥生时代的服装

生活在太平洋的波利尼西亚岛屿的人们使用的陶器

加工黑曜石的工匠

在玛雅文明里将活生生的人当作祭品奉献给神

　　来来往往的不仅仅是物资。为了传播神圣的教义，传教士不顾危险开始了旅行。这时，佛教传到了中国大陆（⑤）。同一时期，诞生于罗马的属地巴勒斯坦的耶稣基督的教义，也由热心的信徒冒着生命危险开始传教（④）。

　　奴隶也是往返于亚欧大陆的重要商品。例如，在爱琴海的提洛岛上，每天都进行奴隶拍卖。奴隶大多来自被罗马征服的地方的居民。被罗马贵族买下的奴隶们在农场和大理石采石场等地戴着枷锁被强迫劳动。还有一些奴隶被训练成剑奴，被推出去参加把他们的生死当作消遣的娱乐节目（②）。罗马从属地获得了大量的奴隶，而将没有土地的平民送往被征服的地方，建设新的城市。因此，到处都出现了罗马风格的城市（如现在的巴黎、伦敦、维也纳等地）。

　　这个时期，生活在太平洋中部到南部的广阔海域里上千个小岛上的人们，过着种植芋艿、甘薯，饲养猪等动物的生活。中美洲的特奥蒂瓦坎的人口急剧增加，城市里的人们都生活在聚集的居住区，在那里集体制作黑曜石等工艺品。

公元1年前后的世界 民众生活

旅行的目的五花八门

① 季风（伊巴露斯风）的发现

这里所说的季风，是指在印度洋周围、夏天从西南方向吹、冬天从东北方向吹的季风。也称为"伊巴露斯风"。在1世纪中叶的书籍里，记载着希腊船员伊巴露斯发现了可以利用不同季节的单向风进行航海的方法。此前顺着印度洋沿岸航行的很多商人，使用了这种航海方法后，就可横跨印度洋，穿过阿拉伯半岛和非洲大陆之间的红海，驶向罗马。乘着顺风运载货物和商人们的，是船体不使用钉子固定的三角帆单桅船。

② 死亡竟然也成了娱乐！斗兽场的狂热

建造于公元80年的罗马斗兽场，是一座可以容纳大约5万名观众的、巨大的圆形竞技场。这里竟然是将杀人作为娱乐表演节目的设施。既有被叫做剑奴的战士们之间的决斗，也有他们与来自世界各地的猛兽的决斗。剑奴们大多是奴隶或者罪人，如果在决斗中获胜，他们就可以获得自由。据说其中也有女性。剑奴们冒着生命危险的决斗让人们为之疯狂，以至于出现了自愿报名想成为剑奴的人。在庞贝的壁画上，有这样的文字描写一个剑奴："令女人们都不禁叹息的好男人。"

③ 凭借海上交通繁荣的萨达瓦哈那朝

这个时期，萨达瓦哈那朝以印度中央的德干高原为中心，统治着广大地区。在萨达瓦哈那朝的势力范围内，印度南部的港口是连接罗马和汉朝、东南亚各王国的海上交通的中转地，海上贸易带来的利益充实了王朝的财政。这个港口主要出口胡椒等香料和棉花、宝石等货物，进口陶器和金币等物品。从当时的遗址中出土了许多罗马的货币。

基督教的诞生

在耶稣基督诞生的加利利（位于现在的以色列），有许多对罗马统治下的政治抱有不满的犹太教徒和平民。宣扬神国（天国）到来的耶稣的出现，得到了众多百姓的支持。统治者对此产生了警觉，对耶稣处以十字架刑。门徒们相信自己见到了死后不久又复活的耶稣，并四处传播这个消息。迫害基督教徒的保罗受到神的启示后改信，开始对非犹太教徒传教，打开了使基督教发展为世界宗教的道路。

佛教来了！

公元68年，在汉朝都城洛阳的东部，中国第一个佛教寺院白马寺建成了。虽然白马寺是由改信佛教的汉明帝建立的，但起初到这里来朝拜的只有外国商人和传道士而已。传说汉明帝做梦时遇到了佛，佛的身体闪耀着黄金的光辉，背后光芒四射，于是，明帝向印度派出使者，请来了佛经和佛像。不过，这些只是后世的传说，实际上佛教是在明帝当政之后一百年左右才兴旺起来的。

弥生时代人们是怎样生活的？

在日本列岛，从中国大陆和朝鲜半岛引进了水稻种植和制造金属容器、纺织等新技术和文化，以大米等谷物为主食的弥生文化就此确立了下来。除了水稻之外，小麦、谷子、稗子等杂粮也有种植。平时将它们熬成粥喝，祭祀等特别的日子时，才会蒸熟后盛在高脚盘子里吃。这时有了地位和身份的差异，并用衣服的颜色等加以区别。竖穴屋子用来居住，高脚房子用作仓库，在规模大的村落里还建造了高脚的祭祀场。也有一种说法是，当时，有高度的建筑物被视为神圣的象征。

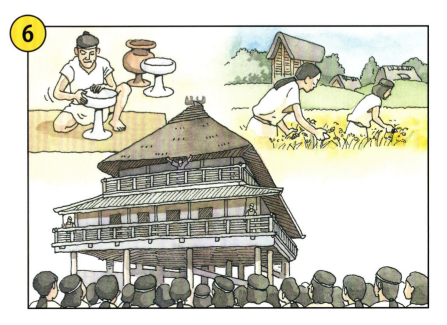

图书在版编目(CIP)数据

世界史伊始/(日)宇野瑞木撰文;(日)落合惠子绘画;张厚泉译.
—上海:复旦大学出版社,2018.6
(全景世界史)
ISBN 978-7-309-13701-9

Ⅰ.世… Ⅱ.①宇…②落…③张… Ⅲ.世界史-青少年读物
Ⅳ.K109

中国版本图书馆 CIP 数据核字(2018)第 105718 号

Wagiri de Mieru! Panorama Sekaishi 1. Sekaishi no Hajimari
Supervised by Masashi Haneda, text by Mizuki Uno, illustrated by Keiko Ochiai
Copyright© 2016 by Masashi Haneda, Mizuki Uno and Keiko Ochiai
First published in Japan in 2016 by Otsuki Shoten Co., Ltd.
Simplified Chinese translation rights arranged with Otsuki Shoten Co., Ltd.
through Japan Foreign-Rights Centre/ Bardon-Chinese Media Agency
上海市版权局著作权合同登记图字:09-2017-228 号

图书在版编目(CIP)数据

全景世界史 /(日)羽田正总主编; 张厚泉译.
—上海: 复旦大学出版社, 2018.6
ISBN 978-7-309-13701-9

Ⅰ.全… Ⅱ.①羽…②张… Ⅲ.世界史-通俗读物 Ⅳ.K109

中国版本图书馆 CIP 数据核字(2018)第 110053 号

全景世界史

[日]羽田正　总主编　张厚泉　译
责任编辑 / 吴　湛
复旦大学出版社有限公司出版发行
上海市国权路 579 号　邮编: 200433
网址: fupnet@fudanpress.com　http://www.fudanpress.com
门市零售: 86-21-65642857　团体订购: 86-21-65118853
外埠邮购: 86-21-65109143　出版部电话: 86-21-65642845
上海中华商务联合印刷有限公司

开本 890×1240　1/16　印张 14.75　字数 678 千
2018 年 6 月第 1 版第 1 次印刷

ISBN 978-7-309-13701-9/K・660
定价: 248 元

如有印装质量问题, 请向复旦大学出版社有限公司出版部调换。
版权所有　侵权必究

全景世界史

横切・纵览・俯瞰！ 全5卷

❶ 世界史伊始
❷ 多样化的世界
❸ 海陆相连的世界
❹ 开始巨变的世界
❺ 变化不息的世界

总主编 羽田正

1953年生，东京大学东洋文化研究所教授（世界史・比较历史学）。主要著作有《伊斯兰世界的创造》（东京大学出版会）、《新世界史的建构》（岩波新书）等。不拘泥于国民国家或欧洲对亚洲的这种框架，提倡新的世界史=全球史的叙述，致力于与各国历史学者之间的合作研究。

撰文 宇野瑞木

1979年生，专修大学文学部兼职讲师（东亚民间传说、表象文化研究）。

绘画 落合惠子

插图画家。武藏野美术大学短期大学部毕业，设计事务所工作后自立。代表作有《图画 东海道（其一～其三）》（POTHOS出版）。

翻译 张厚泉

1963年生，东华大学教授，学术博士。主编《新版中日交流标准日本语电视讲座》、十一五、十二五国家规划教材，参编《日中辞典 第三版》（小学馆）等。东京大学东洋文化研究所访问研究员、中国翻译协会专家会员、上海翻译家协会会员。

总主编

羽田正

东京大学 东洋文化研究所 教授

  在全球化进程不断加快的今天,比起将世界分成若干个地区和国家记述的"纵观的世界史",描述地区之间的人际交流或与人们生活相关的、"横观的世界史"的重要性愈来愈受到关注。在本丛书的各册里,每册将历史"横切"成四个时代,自始至终,纵览各个时代的人类社会的全局,尽可能地将各时期的世界全貌纳入视野。

  各个时代分别用"社会结构"和"民众生活"这两种视点描绘的地图和插图展现出来。历史虽然有国家之间、统治者之间交织抗争的一面,但是,民众的日常生活和文化变迁等也是同样重要的一个侧面。请大家从多方位视角体会把握历史的有趣之处。

  我们现在生活的这个世界与过去的人类社会相比,有何不同?哪里相似?试通过这套丛书一起思考。

横切·纵览·俯瞰！全景世界史 中文版序

了解过去，换言之，以史为鉴到底意味着什么？这绝不意味着只是单纯地对过去的事实进行确认。只有了解了过去，才能更好地理解现代世界的特征，把握如何正确行动。这是学习历史的意义所在。历史，是为生活在现代的你我服务的。世界上没有与现代无关的历史。

但是，值得引起我们注意的是，历史并非只有一种。即便是同样的事情，因时代、地点加之描写、学习历史的各种人的立场等不同，其观察的结果也会不尽相同。这一点，在世界史领域尤为明显。为此，本系列丛书提出了一种新的研究世界史的方案，从横向角度观察同一个时代的世界，描述那个时代的世界整体特征。即如果将世界史比喻成一块织布，我们尝试了从注重其横向的"纬线"角度进行了诠释。传统的世界史一般是从国别史，即沿着纵向的"经线"角度理解过去的，因此，这是从新的角度观察过去的观点。当今世界整体联动，无论做什么事都必须意识到整个世界的状况，可以说，这是一部适合现代的世界史。

这套丛书主要是以中学生为对象撰写的，为了便于阅读，我们尝试了使用绘画和地图与文章相结合的方式，立体地说明过去的世界。因为原本是用日语出版的，所以，各个时代的社会结构和民众生活解说的6幅画中都有一幅是日本列岛的历史。另外，因为是日语版的中文翻译，所以，丛书里的记述可能与大家在学校里学的世界史或中国史略有不同，记载了以往教科书里没有的事项。诚如以上所述，历史可以有各种认识。对此，我希望大家抱着"发现"这种认识或理解方法的心情阅读，并感受到其中的乐趣。

2013年3月，东京大学与复旦大学的研究生和博士后研究员在复旦大学文史研究院举办了交流会。我与从东京赶去参会的宇野瑞木、内田力、佐治奈津子、鹈饲敦子、后藤绘美、寺田悠纪6人在入住宾馆大厅一起商讨策划这套日语版丛书的情景，此时此刻油然而生，回想起来不禁感慨万千。五年多的时光稍纵即逝，期间，不仅5卷全部顺利出版，更没想到，本套丛书的中文版也由复旦大学出版社出版了，这着实令人非常高兴。在此，衷心感谢推荐本套丛书在复旦大学出版社出版的葛兆光教授（复旦大学文史研究院）和准确、高效地翻译的张厚泉教授（东华大学）。期待本套丛书能与众多的中国年轻读者见面。

羽田正
2018年5月

横切·纵览·俯瞰！
全景世界史 2

多样化的世界

总主编 [日] 羽田正　撰文 [日] 内田力
绘画 [日] 伊野孝行　翻译 张厚泉

复旦大學出版社

本卷所叙述的时代范围，从8世纪起至14世纪止。
这段时期，世界各地出现过各种各样的社会群体。
各个地区的社会结构和民众生活常常是与宗教连成一体的。
宗教，向人们展示了世界的状态和基本构成，
并教给我们在不同地区生活的方式。

基于关注这种宗教和社会关系的视角，
本书将世界"横切"成以下4个时期。

750年前后，在亚欧大陆各地，诸如基督教（天主教和东正教）、
伊斯兰教、佛教等一直延续到现在的宗教，其基本教义
和信仰内容已趋于成型。

1000年前后，这些宗教超越了小规模的区域社会，
以类似基督教和伊斯兰教等大宗教为轴心，
覆盖了数个广泛的文化区域。

1150年前后，宗教在亚欧大陆各地民众的生活中已经根深蒂固，
政治和宗教彼此依赖的社会结构得到确立。
1350年前后，在亚欧大陆的东部和西部，
超越宗教、文化群体的交流频繁展开。

在这些时代里，人们的生活受到全球气候变暖或变冷等
长期的环境变化影响的状态也可见一斑。
这个时代，哪些人是社会的中心人物呢？
普通民众在生活中要考虑些怎样的问题？
对于这些距今一千多年前的人类思考的问题，
让我们一起展开想象的翅膀，翻开这本书。

本丛书所使用的年代

本书在表示历史上所发生的事情的年代时，
使用阳历（公历）。
因时代和地区不同，世界上有各种各样的日历。但是，
当今，世界通用的日历是16世纪在欧洲确立的公历。
这种日历是以耶稣基督诞生的那一年作为1年的。
（但现在一般认为，耶稣的诞生要更早些。）
表示比公历1年更早时，用"公元前某年"表达。
如果说公元前100年，即指从公元1年倒数的第100年。
所谓"世纪"，是表示100年为单位的时代的词语。
自公元1年起至100年止是1世纪，自公元101年起至200年止是2世纪……以此类推。
自1901年起至2000年止是20世纪，自2001年起至2100年止是21世纪。
公元之前的时代，同样可用"公元前某世纪"表示。

公元前3000年

公元前5000年

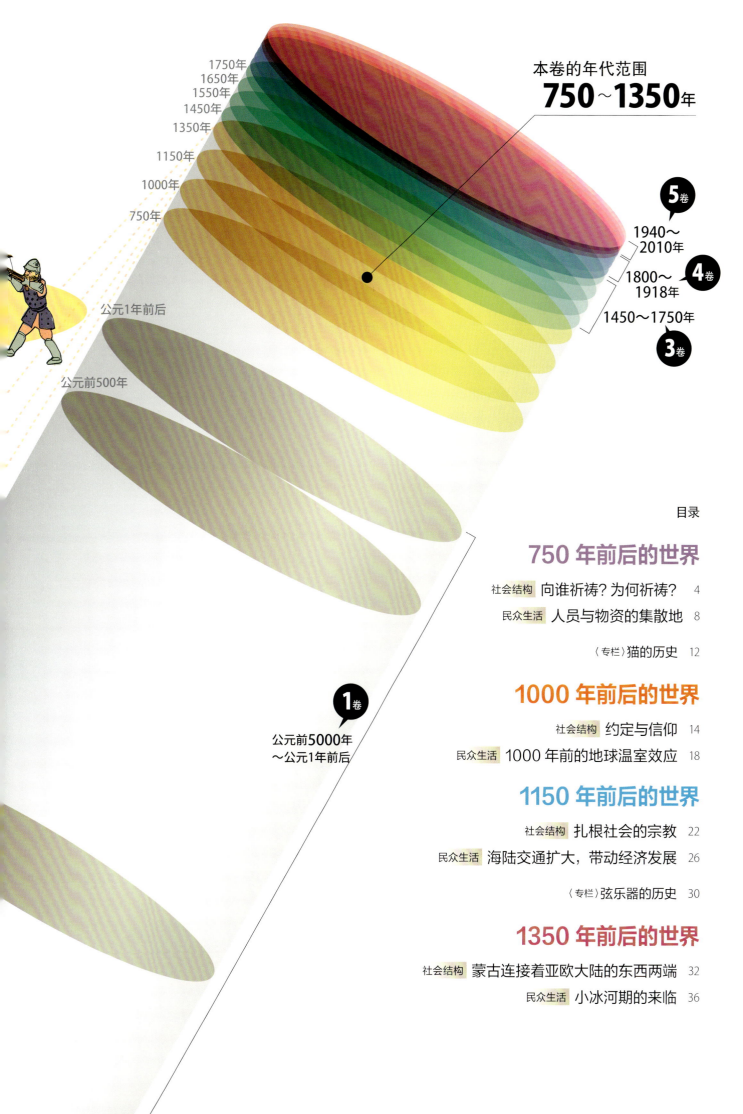

本卷的年代范围
750~1350年

5卷 1940~2010年
4卷 1800~1918年
3卷 1450~1750年

1卷 公元前5000年~公元1年前后

目录

750 年前后的世界

社会结构　向谁祈祷？为何祈祷？　4
民众生活　人员与物资的集散地　8
〈专栏〉猫的历史　12

1000 年前后的世界

社会结构　约定与信仰　14
民众生活　1000 年前的地球温室效应　18

1150 年前后的世界

社会结构　扎根社会的宗教　22
民众生活　海陆交通扩大，带动经济发展　26
〈专栏〉弦乐器的历史　30

1350 年前后的世界

社会结构　蒙古连接着亚欧大陆的东西两端　32
民众生活　小冰河期的来临　36

750年 社会结构前后的世界

向谁祈祷？为何祈祷？

人，在自己无能为力的时候，会祈求祷告。比如，为了几个月后获得农作物的收成，把眼前就能吃的种子播撒在土壤里的时候；并没有把握是否能够找到猎物，就出去狩猎的时候；没有任何征兆，家人和朋友却遭受病痛折磨的时候。总之，人们为了无法确定的未来而祈祷。

这种以祈祷为源头而产生的信仰，作为宗教一直延续至今，在这个时期，各个地方都已经形成了基本教义和信仰内容。

印度的乔达摩·悉达多（生于公元前6～前5世纪，亦称为释迦牟尼）的教导，在包括日本的东亚和东南亚广为流传。他主张只要按照正确的方法去努力，就能从苦难的人生中解脱出来，获得自由。为了平息天花病疫的流行所带来的不安，日本圣武天皇遵照他的教义，在奈良建造了巨型的大佛（⑥）。在爪哇岛，国王也建造了石筑的巨大寺院（⑤）。在西藏高原，藏王也保护佛教。但是，这个时期在乔达摩·悉达多的故乡印度，他的信徒是少数派，而另一种信仰即印度教却广为流传（④）。

这时的世界各地出现了与宗教有密切关系的新的政治和社会结构。

建造在奈良东大寺的大佛

在密西西比河流域建造的神殿冢

在玛雅遗址中发现的国王和王妃的浮雕

安第斯地区繁荣的瓦利文化陶器

在阿拉伯半岛，新的信仰迅速地在民间传播开了（①）。阿拉伯半岛城市麦加的商人穆罕默德于610年左右开始主张的这种信仰被称为"伊斯兰教"。信仰伊斯兰教的人，每天都朝着麦加神殿的方向祈祷。在这一时期，从伊朗高原到地中海南岸（非洲大陆北部）辽阔的地区，出现了以这种信仰为基础的政治形态。在地中海东岸的城市耶路撒冷，也出现了为信奉伊斯兰教的信徒做祷告而建造的圆顶礼拜寺。

亚欧大陆再往西，有一个以生活在公元元年前后的耶稣为救世主（基督）、遵守他的教导进行祈祷的宗教。当时的信仰中心是君士坦丁教会（希腊正教会），拜占庭帝国的皇帝以神的代理人为名义向教会提供保护。但是，意大利半岛的罗马教会从这个时候开始，更依靠北部的法兰克王国，而不是东方的拜占庭帝国（②）。

信仰有各种各样的传播方式。生活在里海的可萨族，接受了居住在地中海东岸的、犹太人的传统信仰。而亚欧大陆中部的游牧民族回纥，则接受了发源于伊朗高原的摩尼教。

750年 前后的世界 社会结构

向谁祈祷？为何祈祷？

① 向同一个方向祈祷

信仰伊斯兰教的人，朝着同一个方向祈祷，那是圣地麦加的方向。麦加是先知穆罕默德出生的城市，那里有神殿。对于伊斯兰教徒来说，麦加是一生中无论如何也要想方设法去朝觐一次的圣地。然而，很多人一辈子都没有去过麦加。祈祷是《古兰经》的教义，是真主的命令。在同一时间，大家一起祈祷是生活的组成部分。人们在祈祷的同时，一同祷告的信徒在彼此间也增强了相互认同的归属意识。

② 与教皇的关系

罗马教会在是否可以向耶稣和圣人的画像祈祷的问题上，与拜占庭帝国的皇帝发生了对立。罗马教会认为，为了让其他民族接受信仰，圣像是必需的。为此，罗马教会不再依靠拜占庭帝国，而是寻找能够保护自己的其他统治者。恰巧此时，刚登基的法兰克王国的丕平国王将征服的部分土地捐赠给了罗马教会，加强了与罗马教会的关系。罗马教会通过与北方的法兰克王国合作，将宗教信仰扩大到了地中海的北部地区。

③ 在神殿祈祷

位于现在的墨西哥东南部的中美洲有几个城邦国家，统称为玛雅文明。各个城邦国家都有各自的国王。其中一些城邦建造了很多锥形的神殿，神殿里举行的是非常令人痛苦的仪式。当时的人们认为，在向神灵祷告时，需要向神进献活祭。国王甚至也将自己的热血贡献出来供仪式使用。有时也将在战争中抓获的敌人的头领用来活祭。似乎神特别喜欢贵人的血似的。

印度的思想家

在印度，各种思想家和哲学家云游四方，宣扬自己的观点，并与持有其他观点的人积极展开辩论。其中，以《吠陀》（fèi tuó）这一圣典为源头的群体的学说，后来发展成了印度教。在求索世界真理的思考过程中，锻炼身心的瑜伽也登场了。也有人认为，《吠陀》无法像佛教一样，解释世界的构造。但是，在印度，持这种想法的人成了少数派。

石刻的故事画卷

在东南亚的爪哇岛，建造了表达佛教经典故事和世界观的石造建筑物。在边长约120米的四方建筑上，镶嵌着1460块刻着故事场景的浮雕石块。假如听着僧侣的讲解，在建筑内参观一圈的话，一定会产生一种仿佛身处立体画卷之中的感觉。这座叫做婆罗浮屠的建筑物，由统治这一带的夏连特拉王朝的历代国王接力建造而成。爪哇岛通过海路与印度交流，受到了包括佛教在内的各种文化的影响。

祈求世界安定

在日本奈良的都城平城京，由于天花肆虐，全城惶惶不安。为此，圣武天皇为了"祈求世界安定"，根据佛教经典的描述制作了巨大的铜佛像。在圣武天皇旁边的是来自南印度、名为菩提仙那的和尚。他在中国逗留期间，受到遣唐使使节的邀请来到了日本。落成的大佛就是由他点睛的。据说在大佛落成的庆祝仪式上，随他一起来到日本的越南弟子还表演了越南舞蹈。

750年 民众生活前后的世界

当时，奴隶也是特产之一（伏尔加保加利亚）

红酒是法兰克王国的特产

造纸术从中国传播到西方

君士坦丁堡建造的圣索菲亚大教堂 ③

喝葡萄酒的中国士兵

前往巴格达的商人

唐朝的首都长安 ②

茶叶的生产和饮用方法体系化

阿拔斯王朝的宴会场景 ①

在印度受到信奉的湿婆神

西非城市昆比萨利赫的商人 ④

在非洲东海岸，象牙是特产

斯里兰卡的特产孔雀

澳大利亚土著人吹奏名为迪吉里杜管的乐器

人员与物资的集散地

这个时代，各地都出现了聚集商人和商品的地方。即便以现代的标准来衡量，其中也不乏可以说是大城市的地方。例如，100万人口的唐朝的长安（②），25万人口的拜占庭帝国的君士坦丁堡（③），以及这个时期开始统治西亚的阿拔斯王朝正在建设的巴格达（9世纪时人口超过了150万）（①）。日本奈良的平城京（人口约15万）是一个宛如围棋盘状的方形城市，因为仿照长安城建造，所以与长安相似（⑥）。

亚欧大陆各地都有商人和游客来来往往。很多交通渠道，纵横交错。不仅有东西向的，也有连接南北的。旅行中必不可少的是马和骆驼（在南美洲大陆，运送货物的是无峰的美洲驼）。在亚欧大陆中部，人们聚集的地方主要是绿洲。所谓绿洲，是指在沙漠中有水涌出的、树木可以生长的地方。无论对商人和旅行者来说，还是对居住在草原地带的游牧民族而言，绿洲都是非常宝贵的。

长途跋涉的商人们都想运输质轻价高的奢侈品。旅途中也有可能遇到盗贼，随时与危险为邻。中国产的生丝和用其编织的布料等丝绸品是大受欢迎的商品。这个时期的

生活在北极圈的多塞特人在划船

各地都出现了人员和物资聚集的场所。

日本使用的"富本钱"与"和同开珎"

奈良的平城京

在加罗林群岛,把大石头当作货币使用

波利尼西亚人移民到库克群岛

生活在北美大陆的人

玛雅文明已开始种植玉米

安第斯地区,美洲驼和羊驼被驯化成家畜

拜占庭帝国也已经能生产丝绸了（③）。除此之外，也有商人运送宝石和金银，以及俄罗斯和斯堪的纳维亚半岛猎取的毛皮。

海上交通也很繁忙。西亚的商人们从巴格达途经波斯湾，前往印度和东南亚。利用只有一定期间内才有的季风（monsoon）扬帆启航。在中国南部的广州，也有他们的中转基地。

经过长途转运、送往各大城市的商品，大多是那些有权有势的人需要的奢侈品。但是，也有为维持生存无论如何都不可或缺的商品。例如，在西非的城市昆比-萨利赫，人们用当地产出的黄金换盐（④）。

相反，在地球上很多地方，人们都可以在自己的村落里靠自力更生获取每天的食物。例如，在中美洲人们靠种植玉米为生，玉米是主食。在非洲大陆南部，虽然靠狩猎动物为生的人居多，但是也有人使用铁制的工具进行耕作，并逐渐扩大了领地。尽管如此，从世界整体来看，大部分还是像森林和沙漠那样的、无法进行农业耕作的土地。

750年 前后的世界 民众生活

人员与物资的集散地

1 便于贸易的新首都

在现在的伊拉克，曾经有过一个被称为阿拔斯王朝的国家。为了建设一个展示新王朝势力的新首都，分别找了好几个候选地，最终发现了这块好地方！这是一个位于底格里斯河和幼发拉底河之间、名为巴格达的小镇。两条河流可以方便地运送粮食和物资，驻扎的大部队可以迅速开赴各地征战。新首都前后累计动用了建筑师和工匠10万人，经过4年的施工，首都终于落成了。这样，商人们带着来自中国、东南亚、印度、非洲等各地的商品，从巴格达的四个大门进出，在巴格达汇集。

2 商品和时尚来自西方

唐朝的首都在长安。在通往市场的大路上，车水马龙、人头攒动，道路两旁的饭店和旅馆鳞次栉比，一派盛世繁荣的景象。运送货物的商人牵着马和驴，这些牲口驮着麦谷的麻袋。来自远方的蓝眼睛的商人，牵引着骆驼队慢慢地行进着。是他们带来了来自遥远的西方的食物和工艺品。金银首饰和便于骑马的裤子等装扮、游牧民式样的服装也流行了起来。瞧，打扮成那样的贵族人家的女孩骑着马，"噌"地一下子就超过了商人，呼啸着扬长而去。

3 用偷来的技术赚钱

拜占庭帝国统治着位于现在的土耳其和巴尔干半岛一带的区域。丝绸和布原本是来自中国等东方的进口商品，但在这个时代，拜占庭也能生产丝织品了。传说拜占庭的修道士从中亚窃取了蚕卵，从而掌握了生产丝绸的技术。用从紫斑贝提取的染料染成高雅的紫色是拜占庭丝绸的特色。这种贝壳的名称（purpura）是英语purple（紫）的词源。镶有金丝和宝石、珍珠的豪华丝绸品，是深受皇帝、皇后喜爱的奢侈品，也是重要的出口商品，以及作为外交交换的物资。

盐是必需品

盐是人类生存不可或缺的物质。在没有海洋的内陆，怎么才能获得盐呢？在撒哈拉沙漠，远古时代被封闭在洞穴里的海水后来形成了岩石般坚硬的岩盐。为了便于运输，人们将它切成板状，用骆驼运载到市场上去出售。人的生存所不可或缺的盐可以高价出售，以此交换马、刀、装饰品。在黄金产地附近的加纳王国首都昆比－萨利赫的市场上，食盐曾经可以换来黄金。

谁都无法预知这里的未来

公元750年的美洲大陆。1200年后，谁都没有预料到，这里会变成纽约——这么一个世界大都市。这个时期，住在这里的人们开始种植大豆和玉米，过着以农耕为主的生活。与现代不同的是，在这里生活的人很少，房屋也稀稀落落的。无论什么时代，世界上大部分地区的人们都过着这种简朴的生活。可以想象一下，还有很多这本书中没有涉及的地区，那些地区的人们都过着怎样的生活呢？

汇集于奈良首都的特产

在平城京，作为赋税，日本各地的土特产汇集在这里：麻布、丝绸、铁、米、盐。为了不致于腐坏，海产品制成干货后经过长途跋涉也运到这里来了。干鲣鱼和干鲍鱼是天皇饭桌上的高级食品。这些物品被献给朝廷，一部分在市场上销售。当时，布匹和丝绸是作为俸禄分配给官吏的。为了将运来的货物、官吏持有的布匹、丝绸进行买卖，平城京内设有交易市场。很多商人聚集在那里，食品自不必说，还能买到毛笔等文具和盔甲等武器。

拴在门口的猫
《石山寺缘起绘卷 卷2（摹本·部分）》
（石山寺吉利画卷）东京国立博物馆藏，
图片：TNM图片档案

猫的历史

猫，与人类共同生活了将近1万年。
对人类来说，
猫是一种怎样的动物呢？

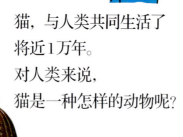

古埃及的猫脸女神
芭丝苔特像

家里的猫
《春日权现验记绘 卷6（摹本）》
（春日明神之灵验）转载自日本国立国会图书馆
数字收藏品

　　对我们人类来说，猫是最熟悉的动物之一。9500年前，在地中海东部的塞浦路斯岛，猫就已经与人类共同生活了。人类在刚开始进行农业活动时，千辛万苦收获的粮食会被老鼠等小动物偷吃，这些小动物是人类的大敌。因为猫会吃老鼠，所以，人类就开始与猫亲近、和猫一起生活。渐渐地，猫感到人类不是它的敌人，也就不再攻击人了。

　　跟随商人和旅客出行，猫的活动范围也扩大了。在本卷叙述的时代里，在亚欧大陆和北非各地，猫已经和人类一起生活了。多年来，在和人类共同生活的过程中，猫作为宠物也受到人们的喜爱，产生了各种各样的品种。

拯救了人类工作的猫

　　猫之所以出现在中国和日本，是为了保护那里的书籍不让老鼠啃咬。佛教的经典从印度运送到中国时，猫也一起加入了这样的旅行。一般认为，在隔海相望的日本，猫也是随着大陆的佛教经典一起被带过来的。

　　对于中国诗人来说，猫是守卫书籍、不让老鼠啃咬的好搭档。11世纪的中国诗人梅尧臣，曾经为一只叫做"五白"的猫写过一首诗，以表达怀念爱猫之死的伤感之情。诗曰：自有五白猫，鼠不侵我书。……一从登舟来，舟中同屋居。糗（qiǔ）粮虽其薄，免食漏窃余。即，自从有了五白之后，老鼠再也不啃咬我的书了。一同登上舟船后，住在同一个船舱里。尽管干粮寒碜，也好过只能吃老鼠偷剩的部分。

　　同样，9世纪，在奥地利修道院有一位从爱尔兰前来学习的青年，他写了一首关于猫的诗。这首诗是这位青年修道士写在一本他正在学习的、有关基督教的手抄书背面上的。虽然我们无法知道青年的名字，但知道猫的名字叫"白面书生"。这位青年写到："我和白面书生（猫）在做相似的工作。它喜欢追赶老鼠，我也喜欢彻夜追赶文字。日积月累的学习取得了成果。白面书生越来越会逮老鼠了，我也不分昼夜地获得了智慧。"从中可以看出，对于远离故乡、在修道院学习的这位青年来说，猫咪是何等重要的好伙伴。

妨碍工作的猫

　　自由自在的猫给人类带来的并不全都是益处，有时也会妨碍人类的工作。例如，在日本、克罗地亚等地都发现了猫踩在古文献上的爪印。这些是猫咪嬉戏玩耍时，在人类写的字画上面留下的脏脚印吧。

大约两千年前，在英国建造的屋顶瓦片上留下了猫的爪印。人类在认真工作的时候，猫咪喜欢过来捣蛋的习性，好像自古以来就有。

伊斯兰教的开山鼻祖穆罕默德（570—632）喜欢猫是出了名的，他养了一只名为穆艾萨的雌猫。传说有一天，穆罕默德正打算出门，换衣服时发现穆艾萨睡在他做礼拜时穿的衣服的袖子上。穆罕穆德心想，要是叫醒穆艾萨的话，那猫就太可怜了。于是他就将衣服的袖子切断，穿着缺少一只袖子的衣服出门了。也许是因为这样的轶事，在伊斯兰教徒中，现在也有保护猫的风俗习惯。

18世纪前后出现在波斯画中的猫

留下猫爪印的古文献。1445年左右，位于现在的克罗地亚发现的、商人使用的信笺记录簿。
图片来源：埃米尔奥·菲利波维奇

留在古罗马时代屋顶瓦片上的猫的足迹。
图片：格洛斯特市立博物馆

喜欢猫的人，讨厌猫的人

在日本，猫原本是从中国进口的珍贵动物，所以，平安时代之前只有地位高贵的人饲养猫。日本的宇多天皇（867—931）在其日记《宽平御记》中，字里行间流露出对父亲给他的猫充满了喜爱之情。"将脚爪和尾巴藏在下面的样子，简直就是黑宝石。"清少纳言在《枕草子》中写道，一条天皇（980—1011）也喜欢一只叫做"贵妇人"的猫。

此后，养猫的范围也逐渐扩大，在12世纪左右，民间似乎也兴起了养猫的风俗。从一些画卷上可以看到猫咪出现在民宅里的场景。

但是，也有人讨厌猫。13世纪前后的日本就出现了猫变成了妖怪后袭击人的"妖怪猫"传说。

在信奉基督教的地区，曾经有一段时期，猫被认为是邪恶的动物。1233年，罗马教皇格列高利九世就认为，猫尤其是黑猫，是恶魔。此后，西欧的天主教教会就开始迫害猫，经常屠杀猫。猫还被认为是女巫的同党。在比利时的伊普尔城里的节日，有一种将活生生的猫从教堂的高塔上扔下的习惯，这种风俗一直延续到1817年。现在已经不再扔活猫了，而是改扔玩偶猫。

在美洲大陆，虽然有猫科的野生动物，但是没有和人类一起生活的家猫。15世纪末，猫乘着哥伦布的船到达了中美洲的岛屿。17世纪，猫随欧洲的移民一起在美洲大陆生活了下来。

猫要是发出几声"喵喵"的叫唤，猫的主人就会对猫说："想要吃东西了吧。"即使语言不通，人似乎也知道猫在想什么。这或许是因为人类与猫之间有着悠久历史关系的缘故吧。

1000年 社会结构前后的世界

向君主发誓表达忠诚的骑...

统一了匈牙...
伊什特万一...
接受了天主...

罗马教皇与东法兰克王国
的关系加强

玛雅文明
奇琴伊察神殿

非洲中部
卡奈姆·博尔努帝国的军队

约定与信仰

　　这个时代，几乎没有一个能够统治多元民族和辽阔地域的巨大帝国了。因此，统治地盘变小，各地区的文化也显示出了更浓厚的地方特色。比如说，在东北亚中国文化被吸收改造，各地在汉字的基础上创造了自己的文字，日本出现了用假名撰写的《源氏物语》(⑥)。

　　在这个时期的社会，"约定"有着重要的意义。无论身份高低，大家都互相遵守约定，社会结构开始趋于稳定。在现在的西欧，居住在各地的骑士纷纷向君主发誓表达忠诚之心，以求自己的土地获得保护。这种以约定为基础的人际关系，将上至皇帝、国王，下至农民联系在一起(①)。在亚欧大陆各地，统治者是以约定的方式将各自的土地委托给军人和武士管理的。

　　生活在中国北方地区的契丹游牧民族与南方的宋朝，于1004年结下了"澶渊之盟"的和约，结束了战争。以澶渊之盟为契机，这个地区迎来了和平。在宋朝，为了成为官吏，辅佐皇帝，很多考生聚集在一起，接受难度很大的考试（科举）(⑤)。

　　在南亚，伽色尼王朝的君主马哈茂德统辖着手下的军

这个时代，支撑社会结构的是"约定"和"信仰"。怎样的约定才被认为是重要的呢？

基督教渗透到北欧区域性的神灵信仰逐渐退化

基辅罗斯公国的弗拉基米尔一世将希腊正教作为国教

澶（chán）渊之盟（1004年）契丹游牧民族与宋朝之间的和平

高丽向契丹朝贡（994年）

③ 鼎盛的拜占庭帝国皇帝远征时的装束

建在中亚布哈拉的伊斯兰风格的坟墓

⑤

⑥ 藤原道长辅佐日本天皇，行使权力

② 开罗的爱资哈尔学院

④ 伽色尼王朝的君主马哈茂德

宋朝选拔官吏的考试

伊斯兰教也传播到东非

渡过印度洋的单桅船

人。军人们在得到掠夺来的财宝可以分成的约定之后，冒着生命危险，英勇作战（④）。马哈茂德也坚守约定，连续不断地战斗。

除了这种以约定为基础的社会结构之外，也开始出现了通过共同的、特定信仰，形成超越地区的、新的社会结构的模式。在亚欧大陆西北地区，作为基督教的一个派别，天主教的教义得到传播，以其信仰为基础，教皇任命各地区主教，将居民和国王的关系联结在一起。与此相反，在诸如斯堪的纳维亚半岛地区，一直以来信奉的地方诸神以及守护它们的神官们却被驱逐出社会的中心。基督教的另一个派别即希腊正教，在以拜占庭帝国为中心的地区受到信奉，基辅罗斯公国在与拜占庭帝国加强了交流之后，决定选择信仰这个宗教（③）。伊斯兰教也在以阿拉伯半岛为中心的地区传播。统治者为了将伊斯兰教作为统治的权威，伊斯兰教在诸如埃及等中心地区之外（②），在非洲大陆东海岸、印度、亚欧大陆的中部地区，也得到了传播。佛教也在以东亚和东南亚为中心的地区得到传播。

1000年 前后的世界 社会结构
约定与信仰

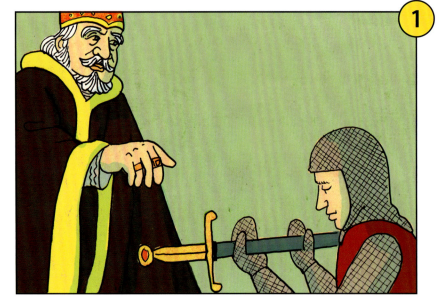

① 骑士的忠诚

在西欧,一方面是以罗马教皇为顶峰的基督教信仰,另一方面是君主与家臣之间的忠诚,这两者将人与人之间的关系联系在了一起。在没有绝对权势的人物出现的时代,向各地区多少有点势力的人宣誓效忠,是保护好自己的土地和人身安全的最佳方法。因为那样,就不必再担心自己的土地遭到侵犯。"请做我的君主吧。"作为忠诚的形式,家臣下跪举起双手,君主双手紧握家臣伸出的双手。作为对忠诚的答礼,君主承诺道:"我来保护你的土地。"

② 追求知识和真理

法蒂玛王朝以埃及为中心,统治了北非。在它的新首都开罗,以学习神的教导和法律为宗旨的学校开设在伊斯兰教的礼拜堂(清真寺)里。奉行"要学习的人什么时候都可以来"的理念,随时都可以入学。之后,又做出了可以自由决定来不来上课,决定学到什么时候的规定。很多学生为了探求知识和真理来到这里,认真倾听并努力理解老师的讲课。

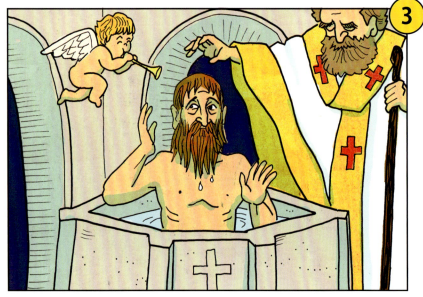

③ 宗教的选择

基辅罗斯公国的君主弗拉基米尔接受了洗礼(成为基督教徒的仪式)。基辅罗斯公国曾统治着现在的乌克兰和白俄罗斯一带。这里原本信仰当地的神,但是,弗拉基米尔于988年将希腊正教定为国家的宗教。虽然与天主教、伊斯兰教、犹太教都有着很密切的关系,但是弗拉基米尔成了希腊正教徒,并迎娶了拜占庭皇帝的妹妹为妻。这是为了加强与南方拜占庭帝国的关系,扩大经济和文化的交流。

团结在君主周围

马哈茂德君主以中亚城市伽色尼（今属阿富汗）为大本营统治着伽色尼王朝。他率领的骑兵部队展开的大规模进攻所向披靡，三十多年几乎没有打过败仗。特别是在北印度，他以传播伊斯兰教的名义，进行了17次远征，并把得到的财富分给了部下。另一方面，马哈茂德大力支持文艺和学术，经常在宫殿召集很多学者和文化人士聚会。诗人菲尔多西把《王书》（又译《列王纪》）献给了马哈茂德。这是一部汇集了波斯神话、历史、传说的叙事诗，前后共花了三十年才完成。

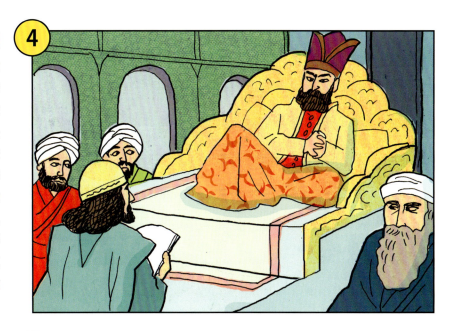

考官竟然是皇帝

中国的宋朝实行了科举考试。最后一关由皇帝亲自主持，要求考生为皇帝撰写政策建议。考生们都是为了参加科举，多年潜心苦读的各地秀才。他们进行了长期艰苦的、以考试为目标的学习，一旦考试合格，就能成为掌握各种政治、经济权力的官吏。皇帝亲自在优秀的答案中排列名次，这种名次对这些人今后的提升会产生很大的影响。

《源氏物语》的故事

在日本京都的平安京，居公卿之首的藤原道长控制着全体贵族，三十多年来，他在朝廷掌握着极大的权力。根据他的方针，有才华的女性被召进宫廷，承担皇后和皇女们的起居和教育的任务。紫式部也是其中一人，她的父亲是学者。紫式部写的《源氏物语》，从爱情到憎恨、人物情感的描写细致入微，在宫廷的女官和皇族们之间竞相传阅。这个时期，宫廷里随处都可以看到从中国传来的用汉字书写的文学作品，和女官们用"假名文字"书写的文学作品。

1000年 民众生活前后的世界

1000年前的地球温室效应

地球的气温并不是始终保持固定不变的，而是有时会上升一点、有时会下降一点的。这个时期正好是整个地球特别是在亚欧大陆西部气温渐渐升高的时期，被称为"中世纪暖期"。当时的人类几乎谁都没有注意到这种微妙的气候变化，其实很多地方开始渐渐地产生了适合于人类生存的环境。

但是，随之而来的问题是人口的增加。人们为了生存下去，需要比以前更有效地利用土地，或者寻找新的土地，开拓农田。人口增加了，但是，粮食要增产却不是一件那么容易的事情。

例如，在亚欧大陆的西部（欧洲），可用于农业的土地得到了有效利用（①）。日本在这个时期也增加了新的、适用于农业的土地（⑥）。一些祖祖辈辈一直住在斯堪的纳维亚半岛上的人们，由于人多住不下了，于是就坐船离开半岛移居到各地（②）。被称为维京海盗的这些人，不仅肆意骚扰沿岸村庄，而且一直往西移居到冰岛和格陵兰岛，有的船只甚至到了北美大陆。在靠近北极的巴芬岛，他们似乎还与住在北极地区的因纽特人交换过物资。

气候变暖的同时,亚欧大陆中部地区等湿度低的地方水资源开始不足,甚至出现了人类无法继续生存下去的情况(③)。在北美大陆西部地区(如查科峡谷),人们使用少量的雨水种植玉米和豆类,但是因为频发大干旱,他们不得不迁徙到有水源的地方居住(⑤)。在非洲大陆西部,当气候不稳定时,各地都出现了干旱和粮食不足的情况。

住在太平洋岛屿上的人们坐船一直往东行进,发现了新的岛屿后便定居在那里。最后抵达了遥远的东方孤岛——复活节岛(Rapa Nui),并在那里开始建造著名的摩艾(Moai)石像(④)。复活节岛看上去虽然离南美大陆非常近,但是,这里的海域有一股从西往东的洋流,逆流而上是非常困难的,因此,这里没有从南美移居过来的人。

1000年 前后的世界 民众生活

1000年前的地球温室效应

1 替领主耕地

"今天是替领主耕地的日子。"这里是法国巴黎的郊区。一位农民正在赶着套着农具的牛耕地,这块土地不知领主是从哪位有势力的人那儿获得的。麦田划分三个区域,每年有一个区域休耕。这位农民向领主了上缴了雏鸡和鸡蛋,还必须向教会缴纳这块土地的十分之一的收成(什一税),生活过得并不宽裕,冬天将要过完的时候,有时都快要揭不开锅了。这个时期受温室效应气候的影响,夏天的气温逐渐升高了,但由于变化缓慢,农民们谁都没有觉察到。

2 到大海彼岸去

维京人的船就要扬帆启航了。在斯堪的纳维亚半岛,由于温室效应的影响,造成了人口增长而土地不足,年轻人也开始到大海彼岸去寻找出路。在此之前,大海一直被冰冻覆盖着的、船只无法到达的北极圈,现在也可以去探访了。沿海各地出现的维京船,有时做点物物交换,有时就直接掠夺了。有的洗劫恬静的农村,有的就在那里定居了下来。维京族人征服了英格兰,发现了冰岛和格陵兰岛,甚至比哥伦布更早就登上了美洲大陆。

3 马是搭档

很多游牧民生活在亚欧大陆的中部地区。他们过着一种让羊等家畜在草原上吃草、骑着马移动的生活。周围的牧草吃完后就转移到其他有牧草的地方。因此,夏天和冬天会在不同的地方生活。但是,随着气候变化,生产牧草的草原地带渐渐地也发生了变化。气温升高的话,干燥地带会因为缺水而导致地面开裂,牧草无法生长,水源也没法保障。这样,渐渐地甚至也会出现游牧民无处可去的状况。

开始制作石像

在太平洋的复活节岛（Rapa Nui）上，人们开始建造摩艾（Moai）石像。从这个时期开始大约八百年的期间，生活在这里的人们一直在建造石像，并且越建越大。也许是几个竞争对手产生对立，互相攀比，抱着"绝不输给你"的意识建造的。这时的复活节岛上有高大的树木和矮树丛，郁郁葱葱，野生动物也很多。尽管如此，现代的复活节岛上并没有森林。这到底是气候变化所致的呢，还是人类自身的原因导致的？

住在断崖下

在北美大陆西南部的查科峡谷，有一个叫做普韦布洛族（Pueblo）（又称阿纳萨齐族，Anasazi）的民族，在悬崖侧面建造了巨大的居住区。迄今为止，尚未弄清为什么要在那里建造住房，似乎是由于人口急剧增加、木材不足，才不得已用砖、石建造了那样的房屋。建造这种住宅形式的社会，信奉自然，主持仪式的人地位最高。管理用水的技术等似乎也被视为神圣的知识。但是到了12世纪后半叶，由于持续干燥和水源不足、战争和粮食短缺，导致这个社会就这么销声匿迹了。

我去收税

日本当时正处于平安时代。各地增加了新的农地，京都的朝廷管理不过来，于是任命贵族为太守，行使收税的权力。这样一来，太守就开始专断独行了。太守带着很多武士离开平安京，在当地为所欲为。以税的名目征收来的大米，只将很少的一部分送到京都，剩下的全部都当成了自己的东西。朝廷名义上也审查太守是否有违规行为，但无力管到地方。而保护这些太守、贵族的武士势力也逐渐强大了起来。

1150年 社会结构前后的世界

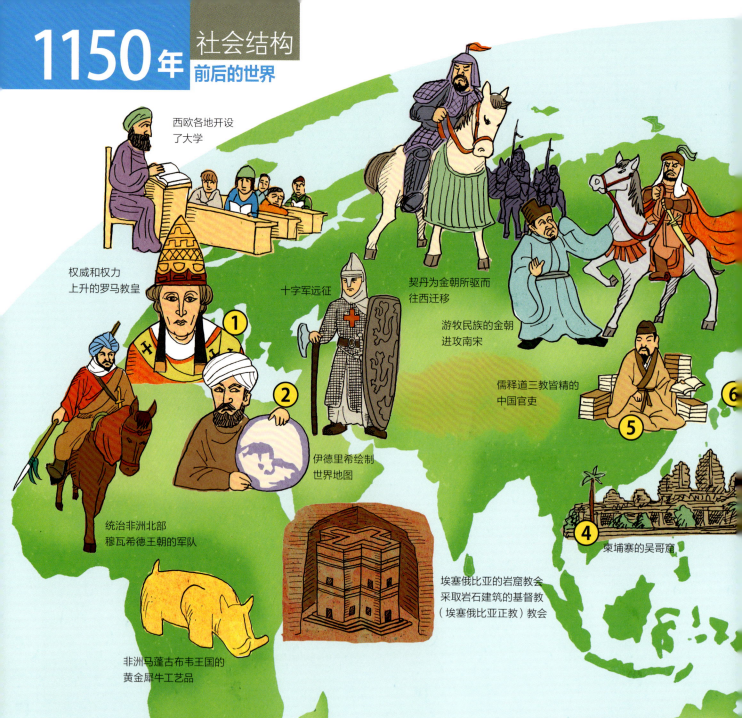

扎根社会的宗教

这个世界是怎样构成的？人死了以后会怎样？怎么做才能过上幸福的生活？从远古时代，人们就怀着这些问题，一直在努力寻找答案。诸如这种解答有关世界的构成和人的生离死别的难题，与日常生活的基本规则一起，向人们指明生存之道的，可以说就是宗教。

在这个时期，以亚欧大陆为中心，许多延续至今的宗教已经在各地普及。以宗教为中心，形成了各个地区的政治和文化的大框架。例如，在亚欧大陆的西部尽头，以意大利半岛的罗马为本部的罗马教皇具有很大的权威（①）。

基督教除了罗马教会以外，还有几个中心地区。包括这些地区在内，从巴尔干半岛至斯堪的纳维亚半岛、伊比利亚半岛北部广阔地区的人们，这个时期都开始拥有了同属"基督教世界"一员的意识。

相反，在地中海南部地区，各地的君主都以伊斯兰教为基础施行统治。罗马教皇和基督教国家的国王为了与这些伊斯兰教国家进行对抗，派遣了名为十字军的军队，对这些国家发动了进攻（②）。这种冲突的另一面是，用阿拉伯语书写的科学和哲学书籍后来经过翻译，对基督教世

界的文化产生了很大的影响。在非洲大陆东海岸，伊斯兰教与土著文化相结合，建立起了持续至今的斯瓦希里文化。

　　这个时期，佛教在东亚各地广为流传，也成了统治社会的思想理念。朝鲜半岛的高丽将佛教定为国教。在中国的宋朝，对辅佐皇帝的官员来说，佛教是很重要的教养之一（⑤）。在日本，佛教的权威也受到了朝廷贵族的推崇（⑥）。

　　通过海路，东南亚与印度保持了频繁的交流，各地的国王为了使统治正当化，吸收了印度的文化和宗教。柬埔寨的吴哥王朝为了供奉印度教的众神而修建了吴哥窟（④）。

　　这些宗教确立后一直延续至今。同时，还有一些尽管对于我们现代人来说已经没有多少了解、但在历史上也曾经确实存在过的信仰。在太平洋的夏威夷诸岛上，从塔希提迁徙过来的人们，供奉神的仪式都有一定的规矩。在北美大陆的密西西比河流域，形成了以神官掌握最高权力的社会，那个村落里建了金字塔状的巨大神殿（③）。

1150年 前后的世界 社会结构

社会基层的宗教

1 教皇是太阳,皇帝是月亮

在欧洲,罗马教皇的权威和权力几乎超过了各地的国王,达到了前所未有的巅峰。即使是神圣罗马帝国(今德国周围)的皇帝,也很难与教皇抗衡。如果不遵照教皇的决定,就会被逐出教会,不再是基督教徒。当时,逐出教会意味着不再被社会所接受。正如后来出现的"教皇是太阳,皇帝是月亮"的比喻那样,即便是皇帝的权力,也需要得到教皇权威的认可。所有的帝国和王国都尊敬教皇,以求基督教世界不被异教徒分裂的保证。

2 为宗教而战?

"从伊斯兰教徒手中夺回基督教圣地耶路撒冷!"罗马教皇向法兰西王国、神圣罗马帝国等发出号召,派出了被名为十字军的军队。但是,十字军远征的目的不仅仅是出于宗教的使命感,还有为了显示教皇权威的政治目的,以及对丰饶之地财富的向往。十字军由于遭到了伊斯兰教国家阿尤布王朝(位于今埃及和红海沿岸)的君主萨拉丁的反击,没有达到占领耶路撒冷的目的。萨拉丁遵守伊斯兰教的教义,对俘虏的基督徒并没有采取报复措施,而是保障了他们的生命安全。

3 北美的金字塔

位于现在的美国伊利诺伊州,有一个名为卡霍基亚的地方。曾经生活在这里的人们用泥土堆积了120个金字塔状的神殿,其中不乏比埃及金字塔还要大的。在这个以酋长为权力顶峰的等级社会里,以祭司举行的繁琐礼仪的形式,敬奉远祖,祭奠死者,祈求农业、狩猎、战争的胜利。卡霍基亚也是当时的商业中心,这里的民众乘坐独木舟与墨西哥的村落交换物资。

为了权威和来世

在柬埔寨的吴哥王朝，历代国王都竭尽全力让民众义务建造巨大的寺院、新首都以及豪华的王宫。苏耶跋摩二世为他信仰的毗湿奴神，花了三十多年的时间建造寺院，以显示国王权威，同时也是为了祈求国家和平。这就是后来成为世界文化遗产的吴哥窟。吴哥国王因为相信世界的中心有一座圣山，所以想用建筑物的形式将这种世界观表达出来。建在平地上的吴哥窟，从很远的地方就能看见其高高的尖塔。

官吏们读些什么书？

在中国的宋朝，对官吏们来说有三种必须掌握的知识。最为广泛阅读的是孔子的学说——儒教。儒教主要论述政治、治国等社会结构方面的问题，录用官吏的考试也是从其中出题的。另一方面，部分不满足于儒教的人，也读佛教（释迦的思想）和道教（老子的思想）的书。佛教主张通过坐禅统一精神，获得悟性之道。道教传授现世幸运和长生不老的方法。甚至还流行过将三种思想结合起来的新兴宗教。即便不是官员，普通人也普遍有这种宗教思想。

抬着神轿闯朝廷

在日本，武装起来的僧侣们为了让朝廷采纳自己的主张，抬着神轿和神木直闯朝廷！当时的日本因为非常畏惧神佛，所以朝廷上下对此都感到恐慌。自从用武力击退僧人的关白（官位）藤原师通突然亡故后，朝廷就越加惧怕受到神的责罚了。当时，类似兴福寺和延历寺等大寺院拥有很多庄园，是拥有武力的政治势力。延历寺的僧侣抬着日吉大社的神轿，兴福寺的僧侣们扛着春日大社的神木。尽管警卫的武士想要阻止他们进城，但一旦他们闯入京城后，朝廷也只能接受这些僧侣们的要求了。

1150年前后的世界 民众生活

海陆交通扩大，带动经济发展

人类的生活范围和行动范围逐渐扩大了。在太平洋南部，波利尼西亚人坐着独木舟找到了新的岛屿并在那里定居了下来（①）。在亚欧大陆西部的边缘地区，修道士们率先砍伐森林，扩充了新的、适宜居住的土地（②）。在地中海的周围，前往自己信仰的重要圣地朝圣的人多了起来。基督教徒朝圣耶路撒冷，伊斯兰教教徒朝圣麦加。去耶路撒冷朝圣的信徒不断增多，派遣十字军出征，也有出于保护他们安全的考虑。

在中国的南部，农地开阔，农作物的收成在增加。因为金朝南下，当时的宋朝丧失了北方的领土，只统治中国的东南部。但是，由于很多人从北部移居过来，长江流域得到了开发。因为开垦技术先进，所以，原先因排水不畅而无法进行农耕的土地也变成了稻田。像杭州那样的城市，除了农产品之外，还汇集了陶瓷、茶、丝绸等商品，成为商业中心而繁荣了起来（⑤）。

这个时期的世界，通过海上渠道进行的物资交换非常繁忙。除了奢侈品之外，也大量运送人们日常生活中的必需品。

那么，在物资交换的3个中心海域，各自都交换了些什么样的商品呢？

在以中国商人为主的中国南海，中国产的陶瓷和工艺品、东南亚产的胡椒等香辛料是主要的交易商品。在印度洋，印度、阿拉伯半岛、波斯的商人成了主角。他们以印度洋周围的特产为主，例如东非的黄金和象牙、阿拉伯半岛和波斯的香料和马、印度的棉织品、东南亚的香辛料等，都是交易的商品。在地中海，活跃着意大利等沿岸各地的商人。特别是在地中海东部，从红海运过来的香辛料和宝石，再运送到欧洲的各个城市，与白银、毛皮、木材等交换。

各地的商人们也有拉山头搞对立的，但更多的是一起做生意，和平共处。他们将三个海洋连接起来，接力式地将商品投送到很远的地方进行贸易（③）。例如，在东南亚和中国的港口城市，从印度洋过来的商人与中国商人展开了交易。

除了农业和商业，还有很多人为了生存从事各种各样的工作。在非洲大陆南部，班图人过着农业和畜牧业相结合的生活。在南美洲的奇穆王国的首都昌昌城，聚集了很多制作工艺品的工匠（④）。

1150年 前后的世界 民众生活

海陆交通扩大，带动经济发展

1 划着独木舟，驶向新岛屿

只要是可以生活的岛屿，无论如何人类都会前往。虽然有些人是偶然到达某个岛屿的，但有些岛屿是需要顶风溯流而上才能到达的，因此，很多人似乎是有计划地航海迁徙的。生活在太平洋上的波利尼西亚群岛的人们划着远海航行用的独木舟，到达了东面的复活节岛和北面的夏威夷岛。同一时期，也有人从复活节岛稍微向东折回并定居新西兰。如此一来，太平洋上的岛屿基本上就都有人居住了。

2 采伐森林的修道士

在欧洲，由于农业工具和技术的提高，加上持续温暖的气候所带来的恩惠，农民的饮食生活有稍显宽绰。随着人口增加，引起了拥挤，这样，就开始从原本居住的地方向外部扩张。教皇发出了"夺回圣地"号召的同时，也呼吁"要增加更多的田地和村庄！"修道院带头砍伐森林，营造农田。修道士们不畏惧森林里出没的熊和狼，用自己制造的铁斧头，成片成片地砍倒树木，即便是沼泽地，也变成了农田。

3 接力式的贸易

从地中海到印度洋、中国东海，通过世界各地的商人网络，纵然是遥远地区也建立起了贸易关系。印度的商人用棉布交换，获得来自东南亚的香辛料，然后将这些香辛料卖给来自埃及的商人。接着又卖给意大利商人，换取德国产的白银。这样，商品经过各种商人的转手，通过海运频繁地交易。船运的好处是比陆路能运送更重的东西。即使是在东南亚收割的农作物，只要装进袋子送上船，就可以大量运到很远的地方。

工匠汇集的大城市

奇穆王国的首都昌昌城是这个时期南美大陆最大的城市。在昌昌城的市中心，许多工匠随着贵族、官吏，从各地集聚到了这里，住在用泥土和芦苇搭建的简陋小屋里。装着献给国王物品的仓库一个接着一个，共有一百多个。最好的特产品是用黄金雕刻的首饰。沙漠中的奇穆王国为了防洪抗旱，有一套行之有效的管理和运用水资源的办法。为了积蓄水，还造了很多沟渠。这样，即使几个月不下雨，田地也能得到充分灌溉。

熙熙攘攘的城市

在中国的都市杭州（当时称临安），农作物从长江流域一路汇集而来。这个时期，在中国南部，从越南南部引进的新品种稻栽培获得了极大的成功，也掌握了合理使用农业用水的技术，因此，农业生产力有了提高。一切都进行得非常顺利，于是就开垦新田扩大生产。各地的农产品通过网状的水路，运到杭州等城市。而北方大城市的运输，则是通过南北贯通的大运河船运的。杭州的店铺鳞次栉比，发展成了人口超过100万人的大城市。

载歌载舞干农活

插秧，要是没有唱歌的节奏就插不好！这个时期的日本，女性是插秧的主力军。全村人一起唱着歌插秧。或许可以说，如何让农活干得愉快也是一项非常重要的技术革新。插秧时的歌曲和舞蹈被称为"田乐"，后来成为一种文娱活动，连天皇和贵族们也提出想要看看这种民间的插秧风景，城市的民众也兴起了田乐的热潮。顺便说一下，食品中的"味增田乐"之所以叫"田乐"，据说是因为插在竹签上的豆腐与穿着高脚木屐舞蹈的田乐曲艺演员的姿势相似的缘故而得名的。

正仓院收藏的琵琶
背面有精美的图案
紫檀木画槽琵琶（正仓院珍贵文物）

弦乐器的历史

〈专栏〉

让我们看看，
具有悠久历史的弦乐器，
是如何通过人们的交流传到各地，
产生各种变化。

拉弦乐器的猫
14世纪英国装饰抄本的插图

弹奏弦乐器的
伊斯兰教徒和基督教徒
13世纪《圣母玛利亚的颂歌集》的插图

在各种各样的乐器中，弦乐器有着悠久的历史。一般认为，最早是用射箭的弓制作的。也许我们的古人将狩猎和战斗时用的弓对着绷直的线（吊线）弹拨一下后，注意到了弓弦会发出声音吧。"弦"这个字里包含了"弓"的部首。对着绑紧的弦，或者弹拨，或者摩擦，或者敲打，尝试着让其发出各种声音，由此产生了各种形式的乐器。

说到弦乐器，我们首先想到的是吉他和三弦，虽然在本卷的年代还没有诞生，但作为它们的始祖的乐器已经被人们用于演奏了。让我们一起来看看当时世界各地使用的弦乐器吧。

琵琶传递的信息

大约在7~8世纪，琵琶这一乐器从唐朝传到了日本。在日本东大寺的正仓院里，保存着六把当时传来的琵琶。其中五把是四根弦的琵琶，另外一把是世界上现存的、唯一一把五根弦的琵琶。这些琵琶上，镶有用贝壳工艺和象牙制作的精美图案。

当时，根据地位和阶层的不同，使用的乐器和欣赏的音乐也是不同的。琵琶主要是在宫殿内供天皇和贵族玩赏的乐器，后来才被广泛普及开来。这种普及还得益于被称为琵琶法师的僧侣的推动。琵琶法师的工作原本是在街道上巡回诵经，但从12世纪左右开始，逐渐用琵琶伴奏的形式进行"平家物语"的说书，博得了大众的青睐。在没有电视和广播的时代，让不识字的大众也能听懂故事和宗教的教义，琵琶法师的传经说书起到了很大的作用。

情歌

在12世纪左右的法国南部，游吟诗人也演奏着乐器，周游各地。他们去贵族宅邸巡演，喜欢用一种叫做鲁特琴的弦乐器伴奏，为有身份的贵妇人演奏爱情歌曲。鲁特琴的背面是突出的圆弧形，琴弦是用羊肠做成的。为了使鲁特琴发出优美的声音，在琴身挖出的音孔上，镶嵌着几何图案的镂空雕刻，称之为玫瑰或蔷薇。在当时的欧洲，正式的文章是用拉丁文写的，只有地位高的人才具备拉丁文的素养。但游吟诗人的诗却是用各地民众日常生活中的语言来表达的。

鲁特琴是一种非常适合自弹自唱和独奏的乐器，但是，后来与其他乐器一起合奏的情况增多，音量小的鲁特琴就不再使用了。

击弦演奏桑图尔琴
17世纪波斯宫殿壁画（局部）

波斯的发明

琵琶和鲁特琴有很多共同点，那是因为这两种乐器原本是由同一种乐器发展而成的。琵琶的起源，据说是商人将波斯的巴尔巴特琴通过丝绸之路带到了东方。巴尔巴特琴到了波斯的西部变成了名为乌德琴的阿拉伯乐器，在欧洲则变成了鲁特琴。

"乌德"在阿拉伯语中有"木片"的意思，现在仍在各地广泛演奏。10世纪，土耳其的哲学家法拉比在编写《音乐大全》时，为了制作音阶而进行实验，当时使用的也是乌德琴。

同一时期，在波斯和印度出现了一种在核桃木做的盒子上绑上几根弦，用木棒似的拨子敲打演奏的、名为桑图尔琴的乐器，据说这是钢琴的祖先。现在的钢琴是用键盘演奏的，但是其内部通过用锤子敲打弦的构造，与桑图尔琴相似。

骑着风似的快马

在蒙古高原，有一种被称为马头琴的弦乐器。琴如其名，在琴杆上方，有一个马头形的装饰，用弓摩擦弦而发出声音。据说这是现在的小提琴的祖先。

有关马头琴的起源，有一个很有名的传说。据说很久以前，有一位名叫忽忽·南牟急的少年，他有一匹不可思议的、长着翅膀的骏马。忽忽·南牟急骑着那匹骏马去见远方的恋人，但是另一位女孩因为嫉妒，趁其不备将骏马的翅膀砍掉了。悲伤之余的忽忽·南牟急就用木头雕成马头的形状，用马皮覆盖在箱子上，用马尾毛绷成弦，做成了乐器，将马的嘶鸣声和奔驰的场景用音乐的形式表达出来，并放声歌唱。在蒙古高原，人们都相信，只要弹起马头琴，幸福就会降临。

因地制宜

此后，乐器随着人们的迁徙和交流，经过各地匠心改良后，发展成了新的乐器。有的人听着家乡带来的乐器的音色思念故乡，有的人就用当地材料制作类似的乐器，享受新的音色。

在南美大陆，西班牙人带来了一种名叫比尤埃拉琴的乐器，并衍生出一种叫做恰兰戈琴的乐器。有些恰兰戈琴的琴身是用穿山甲的甲壳制作的。

用动物的皮将葫芦的外表包裹起来的非洲弦乐器，通过奴隶贸易传到北美，并在那里发展成为现在的样子。

弦乐器在人类交流过程中得到广泛传播。让我们一起想象一下，这些乐器发出的各种音色里，蕴含着多么丰富的人类思想和当时的生活节奏啊！（撰文　寺田悠纪）

马头琴，13世纪前后的蒙古史书上也记载有马头琴的演奏者

用穿山甲的甲壳制作的恰兰戈小吉他

1350年前后的世界

社会结构

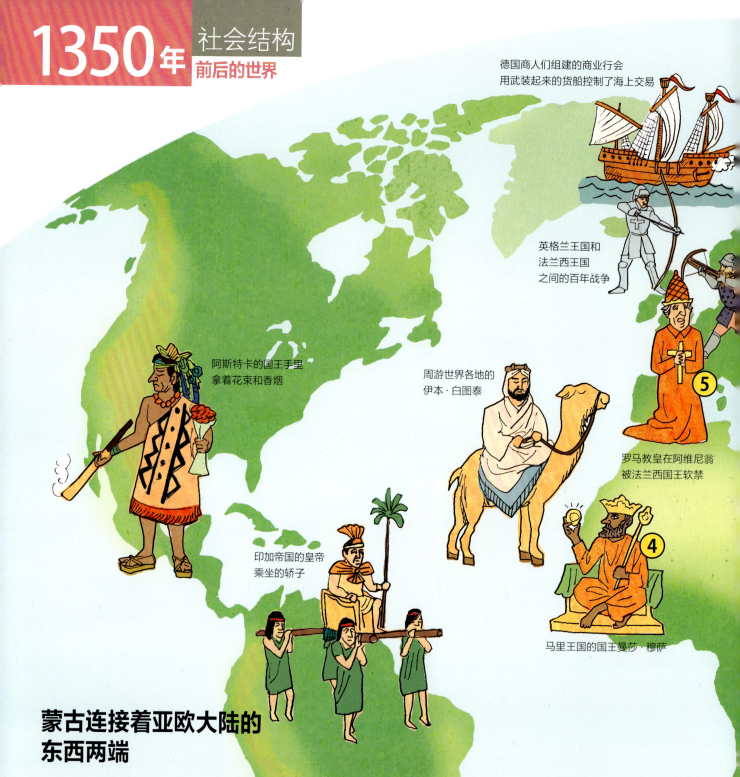

德国商人们组建的商业行会用武装起来的货船控制了海上交易

英格兰王国和法兰西王国之间的百年战争

阿斯特卡的国王手里拿着花束和香烟

周游世界各地的伊本·白图泰

罗马教皇在阿维尼翁被法兰西国王软禁 ⑤

印加帝国的皇帝乘坐的轿子

马里王国的国王曼莎·穆萨 ④

蒙古连接着亚欧大陆的东西两端

　　游牧民族蒙古族领导人成吉思汗,在13世纪上半叶以武力征服的方式统一了亚欧大陆的大部分地区,一举建立了大帝国。蒙古军队雄纠纠气昂昂地骑着骏马驰骋疆场,并在马背上射箭。在13世纪下半叶时,蒙古统治的地区东部是目前的整个中国,西部包含波兰和土耳其,1350年前后,成吉思汗的后裔在各地定居了下来,形成了统一的政治体制(②)。在那里,既有来自蒙古的民族,也有原本就生活在当地的人们;既有游牧民,也有农耕民,人也形形色色,信仰也多种多样。这种混合交叉的社会结构在各地确立了下来。

　　那么,免遭蒙古军队统治的地区又是怎样的状况呢?在日本,镰仓幕府在击退了两次蒙古军的入侵后,被实施新政的后醍醐天皇推翻,但是日本却陷入了内乱状态(⑥)。在东南亚的爪哇岛,蒙古军队败退之后诞生了新的王国,拥有掌控这一时期周围岛屿贸易的实力(③)。

　　蒙古统治者为了保护商业,促进贸易,完善了交通设施和货币制度(①)。过于沉重的交通税负得到减轻,商品遭抢劫的危险性下降,这样一来,商业性人员和物资的

长距离移动要比之前容易得多了。这就使得包括蒙古统治之外的地区、亚欧大陆和北非整个地区的商业活动和文化交流都变得频繁起来了。

利用这种社会环境，出身于非洲西北部，现今摩洛哥的伊本·白图泰在这个时期实现了跨越大陆的长途旅行。据说，他利用海路和陆路，足迹遍布地中海、阿拉伯半岛、中亚、印度等地区，经过东南亚的苏门答腊岛，在中国的泉州登陆，到达现在的北京。之后他又去了西非的马里王国旅行。同一时期，马里王国的国王曼萨·穆萨途经埃及的开罗，到达伊斯兰教的圣地麦加朝拜（④）。

但是，整个世界并未达到一体化。在中美洲，阿兹特克人建立了新的都市，南美大陆西海岸一带的地区都由印加帝国统治着。在新西兰，毛利族繁荣昌盛。他们对亚欧大陆不可一世的蒙古军队和黑死病（鼠疫）应该是一无所知的。

1350年 前后的世界 社会结构

蒙古连接着亚欧大陆的东西两端

1 驿站是统治基石

执掌亚欧大陆辽阔大地的蒙古统治者，为了将皇帝的指令迅速地传达到各地，建立了可以快速、安全旅行的道路系统。在统治地区的主要道路上设置据点（驿站），持有通行证的官吏和外交使节可以在那里享有马匹、饮食和住宿的方便。有了这个制度后，携带指令奔赴各个管辖地的官吏们就可以方便地来回执行任务，公文也可以在短期间内送达。即使对没有通行证的商人和旅行者来说，驿站同样也是守护旅行安全不可多得的制度保障。

2 不回蒙古了

在蒙古军队里，有一部分人统治着位于现今哈萨克斯坦附近广阔的草原地带，之后就一直生活在那里了。这就是钦察汗国（金帐汗国）。他们虽然继续保持着蒙古的风俗习惯，但是，统治上却吸收了当地传统的管理方法。即便是宗教，成吉思汗的后裔、钦察汗国君王月即别汗，将当地民众信仰的伊斯兰教作为国教，自己也改宗信奉了伊斯兰教。游牧民族改信伊斯兰教的现象，在其他蒙古族统治的国家也时有出现。

3 蒙古军退去之后

在击退了蒙古军的地方，社会结构都发生了怎样的变化呢？在爪哇岛，作为地方诸侯的室利佛逝拥有卓越的智慧。他借助蒙古军将强大的对手打倒后，又赶走了蒙古军，自己成了那里的国王。那个王国，就是满者伯夷王国，它统治了印度尼西亚的几乎所有的岛屿，独占了海上贸易的特权。特别是在马六甲海峡，因为很多船都要从这里经过，交易繁忙，王国便凭借从这些船征得的税收，得到了发展。

一路黄金一路行

从非洲西部，喧喧嚷嚷地来了一大队人马。马里王国的国王曼萨·穆萨是坚定的伊斯兰教徒，他决定前往圣地麦加，并于1324年向东出发。由于马里王国盛产黄金。国王一行在各地肆意挥霍大量黄金，据说途中到达开罗时，由于使用了超乎想象的黄金，导致黄金市场暴跌，以致于十多年后，金价仍没有恢复到原来的正常价格。他虽然是很招摇的国王，但也在马里王国的首都开设了大学等设施。

受到监禁的罗马教皇

罗马教皇在教会的人事和税收问题上，与法兰西国王产生了对立。教皇和国王都想获得比对方更大的权力，因而发生了争执。1303年，当时的罗马教皇遭到法兰西国王家臣的施暴和监禁。在这以后的约七十年，法兰西国王加强了对教皇一职的影响力，国王可以让听从自己吩咐的人当教皇。教皇离开罗马，在法兰西南部的阿维尼翁城统治教会。这个时期，教皇在法兰西国王的扶植下，负责各地的人事和征税。

与动乱势力合作的日本天皇

蒙古军队也连续两次进攻了日本列岛，最终总算被击退了，但日本为了防备蒙古军而加强了对武士的管理，导致武士反抗，社会陷入了混乱。在这样的背景下登基的后醍醐天皇，想建立自己新的专政独裁的社会秩序。为了推翻幕府，哪怕是来历不明的人（例如佛教的异端派僧侣），他也愿意进行合作，最终虽然在1333年推翻了幕府，大权在握，但很快就被武士足利尊氏赶下台，败走奈良。此后，后醍醐天皇的子孙和属下与足利氏展开了长达五十多年的政治对抗。

1350年前后的世界民众生活

因纽特人在采集狩猎的生活中，适应了变冷的气候

格陵兰的废墟 ②

不满的农民发起暴乱（法国） ③

亚利桑那的霍霍卡姆族卡萨格兰德遗迹

意大利的薄伽丘创作的《十日谈》，描写10名男女为躲避黑死病移居佛罗伦萨的故事

阿兹特克王国的新城市特诺奇蒂特兰，传说曾有大雕停留在仙人掌上，并预言了这里的繁荣 ④

种植土豆的安第斯山脉的民众

马里王国的渔业兴旺

小冰河期的来临

在这个时代，以北半球为中心，各地的气温开始下降，拉开了大约持续了五百年之久的"小冰河期"（小冰期）的序幕。在如格陵兰那样的北极地区，从亚欧大陆移居过来的人们，无法像原先那样继续生活下去了（②）。

随着气候的变化，发生了各种各样的变故。例如，在欧洲（亚欧大陆西部地区），因低温和长期下雨、日照不足等原因，农作物无法充分培育、生长。在亚欧大陆，由于长期的稳定与繁荣，人口持续增长，原先不适合农业的土地也被开垦，森林因砍伐而遭到破坏，这些地区容易引起严重的粮食不足。生活在亚欧大陆中部地区的游牧民也受到了气候变化的影响，因为牧草生长的范围发生了变化。如果过冬的牧草得不到保障，家畜就会饿死。这对于跟家畜一起生活的游牧民来说，是生死攸关的问题。为此，游牧民不得不往新的地方迁徙，去寻找牧草（①）。

中美洲的阿兹特克族和南美洲的西坎王国似乎就是因为土地干旱，而不得不集体迁移的（④）。因为从太平洋吹来的季风变弱，导致洋流发生变化，降雨也因此减少了。北美洲的内陆地区、非洲中部似乎也发生了旱灾。

倒霉的事情接踵而至。黑死病（瘟疫）蔓延了。蒙古统治者为了促进商业繁荣，对商人进行了扶植。因此，亚欧大陆各地之间的关系得到加强，很多商人和旅行者频繁往来。受此影响，发生在现今缅甸附近的地方病，瞬间传播到了亚欧大陆西部的各个城市，大批民众受到感染而丧命（③）。

这样，许多地方无法让人安居乐业。在中国北部，因粮食不足和黄河的洪灾，民众的不满情绪高涨，甚至出现了推翻统治者的暴动（⑤）。在日本，随着南北朝的持续内乱，无视社会秩序的"地痞恶棍"令人感到恐惧（⑥）。在东亚海面上，被称为"倭寇"的海盗胡作非为。现在的法国一带，发生了农民暴乱。

那个时代，人类很容易丧生，正因为如此，在意大利等地区，开始出现了认真思考人类生命意义的思潮。这种思潮后来发展成为文艺复兴运动。

1350年 前后的世界 民众生活

小冰河期的来临

1 游牧民族的迁徙

游牧民族为了寻找家畜吃的牧草,在草原上迁徙。气候一旦发生改变,他们迁徙的目的地也会发生变化。但是,如果可供放牧的草原减少,就会因为有限的牧草而发生争执,甚至不得不去攻击其他人居住的地方。据说蒙古人之所以建立了大帝国,也是由于气候变化不得不寻找新的草原。另外,这一时期的蒙元帝国在各地的势力渐渐衰落,有可能也是因为受到气候变冷的影响。

2 北方的幽灵城市

那里只剩下了废墟……1350年,挪威派出的调查队到达格陵兰,发现了化为废墟的村落。维京人曾经到过这里,并在此地定居了下来。但是,随着气候年复一年持续寒冷,这里已经不再是适合人类生活的地方了。最后一批居民就这样离开了格陵兰,搬到了更温暖的地方。毫无疑问,他们那时已经到了几乎快要饿死的地步了。

3 骷髅的死亡之舞

在整个欧洲,被称为"黑死病"的疾病非常流行。之所以叫这个名字,是因为患者的皮肤上会出现许多黑斑。带有病原菌的跳蚤附着在老鼠身上后传播到远处,接触到人之后就会传染。因为当时交通已经非常发达,交流也很频繁,所以这种病就瞬间传播开来了。有的城市的人口甚至一下子减少了三成。虽然人们与死亡为邻,忐忑不安,但是,令人感到讽刺的是,幸存下来的人受到了领主的重视,生活变得轻松愉快了。

逃离干旱

阿兹特克人住在位于现在的墨西哥的地方。他们之前生活的地方因为干旱而无法继续住下去了，于是，就到一个湖面露出的岛上建立了新的城市——特诺奇蒂特兰。"这样该不会再缺水了。"阿兹特克国王就以这里为根据地，不断扩大了势力范围。据神话传说，神官在梦中说过，"到大雕在仙人掌上吃蛇的地方去"，结果，由此发现的地方就是特诺奇提特兰。现在墨西哥国旗的图案也是根据这个传说设计的。

农民起义

在中国，不仅疾病肆虐，自然灾害也接二连三地爆发。黄河引起的洪水泛滥、农作物的歉收和饥荒，严重影响了人们的生活。在贫困人数增多，盗贼、海盗、山贼横行的情况下，相信有救世主出现的新兴宗教——白莲教开始盛行。出于对统治者无法解决这些社会混乱的不满，各地纷纷起义，将蒙古统治者赶了出去。最后，农民的儿子朱元璋成了众多起义军的领袖，登上了新王朝（明朝）皇帝的宝座。

地痞恶棍

日本在蒙古军入侵失败之后，各地都出现了反抗幕府和朝廷的反叛者。原有社会体制的维护者称这些人为"恶党"（地痞恶棍）。渐渐地，地痞恶棍的势力不断发展壮大，譬如在京都的路上就有令人害怕的、拿着长棍等器械的地痞恶棍三五成群地在街上转悠。他们穿着招摇的服装，炫耀手里的武器。一旦有争斗，就收钱参战。但如果情况不利，他们会毫不犹豫地选择背叛。后醍醐天皇推翻镰仓幕府，靠的就是这些地痞恶棍之流的力量。

图书在版编目（CIP）数据

多样化的世界 /（日）内田力撰文;（日）伊野孝行绘画; 张厚泉译.
—上海: 复旦大学出版社, 2018.6
（全景世界史）
ISBN 978-7-309-13701-9

Ⅰ. 多… Ⅱ. ①内…②伊…③张… Ⅲ. 世界史-青少年读物
Ⅳ. K109

中国版本图书馆 CIP 数据核字（2018）第 105719 号

Wagiri de Mieru! Panorama Sekaishi 2. Samazamana Sekaizô
Supervised by Masashi Haneda, text by Chikara Uchida, illustrated by Takayuki Ino
Copyright© 2015 by Masashi Haneda, Chikara Uchida and Takayuki Ino
First published in Japan in 2015 by Otsuki Shoten Co., Ltd.
Simplified Chinese translation rights arranged with Otsuki Shoten Co., Ltd.
through Japan Foreign-Rights Centre/ Bardon-Chinese Media Agency
上海市版权局著作权合同登记图字: 09-2017-228 号

图书在版编目(CIP)数据

全景世界史/(日)羽田正总主编;张厚泉译.
—上海:复旦大学出版社,2018.6
ISBN 978-7-309-13701-9

Ⅰ.全… Ⅱ.①羽…②张… Ⅲ.世界史-通俗读物 Ⅳ.K109

中国版本图书馆CIP数据核字(2018)第110053号

全景世界史
[日]羽田正 总主编 张厚泉 译
责任编辑/吴 湛

复旦大学出版社有限公司出版发行
上海市国权路579号 邮编:200433
网址:fupnet@fudanpress.com http://www.fudanpress.com
门市零售:86-21-65642857 团体订购:86-21-65118853
外埠邮购:86-21-65109143 出版部电话:86-21-65642845
上海中华商务联合印刷有限公司

开本 890×1240 1/16 印张14.75 字数678千
2018年6月第1版第1次印刷

ISBN 978-7-309-13701-9/K·660
定价:248元

如有印装质量问题,请向复旦大学出版社有限公司出版部调换。
版权所有 侵权必究

横切·纵览·俯瞰！ 全5卷

❶ 世界史伊始
❷ 多样化的世界
❸ 海陆相连的世界
❹ 开始巨变的世界
❺ 变化不息的世界

总主编 羽田正

1953年生，东京大学东洋文化研究所教授（世界史·比较历史学）。主要著作有《伊斯兰世界的创造》（东京大学出版会）、《新世界史的建构》（岩波新书）等。不拘泥于国民国家或欧洲对亚洲的这种框架，提倡新的世界史=全球史的叙述，致力于与各国历史学者之间的合作研究。

撰文 内田力

1983年生，东京大学大学院综合文化研究科博士课程（日本史研究）。

绘画 伊野孝行

插图画家。东洋大学毕业。Setsu-Mode Seminar毕业。《梵高》(书肆 画与书)、《滑稽以外不存在人间美》(HB VISUAL BOOK)、《画家的肖像》(口琴书籍)。第44届讲谈社出版文化奖、第53届围棋高桥五山奖。

翻译 张厚泉

1963年生，东华大学教授，学术博士。主编《新版中日交流标准日本语电视讲座》、十一五、十二五国家规划教材，参编《日中辞典 第三版》(小学馆)等。东京大学东洋文化研究所访问研究员、中国翻译协会专家会员、上海翻译家协会会员。

总主编

羽田正

东京大学 东洋文化研究所 教授

　　在全球化进程不断加快的今天，比起将世界分成若干个地区和国家记述的"纵观的世界史"，描述地区之间的人际交流或与人们生活相关的、"横观的世界史"的重要性愈来愈受到关注。在本丛书的各册里，每册将历史"横切"成四个时代，自始至终，纵览各个时代的人类社会的全局，尽可能地将各时期的世界全貌纳入视野。

　　各个时代分别用"社会结构"和"民众生活"这两种视点描绘的地图和插图展现出来。历史虽然有国家之间、统治者之间交织抗争的一面，但是，民众的日常生活和文化变迁等也是同样重要的一个侧面。请大家从多方位视角体会把握历史的有趣之处。

　　我们现在生活的这个世界与过去的人类社会相比，有何不同？哪里相似？试通过这套丛书一起思考。

横切·纵览·俯瞰！全景世界史 中文版序

了解过去，换言之，以史为鉴到底意味着什么？这绝不意味着只是单纯地对过去的事实进行确认。只有了解了过去，才能更好地理解现代世界的特征，把握如何正确行动。这是学习历史的意义所在。历史，是为生活在现代的你我服务的。世界上没有与现代无关的历史。

但是，值得引起我们注意的是，历史并非只有一种。即便是同样的事情，因时代、地点加之描写、学习历史的各种人的立场等不同，其观察的结果也会不尽相同。这一点，在世界史领域尤为明显。为此，本系列丛书提出了一种新的研究世界史的方案，从横向角度观察同一个时代的世界，描述那个时代的世界整体特征。即如果将世界史比喻成一块织布，我们尝试了从注重其横向的"纬线"角度进行了诠释。传统的世界史一般是从国别史，即沿着纵向的"经线"角度理解过去的，因此，这是从新的角度观察过去的观点。当今世界整体联动，无论做什么事都必须意识到整个世界的状况，可以说，这是一部适合现代的世界史。

这套丛书主要是以中学生为对象撰写的，为了便于阅读，我们尝试了使用绘画和地图与文章相结合的方式，立体地说明过去的世界。因为原本是用日语出版的，所以，各个时代的社会结构和民众生活解说的6幅画中都有一幅是日本列岛的历史。另外，因为是日语版的中文翻译，所以，丛书里的记述可能与大家在学校里学的世界史或中国史略有不同，记载了以往教科书里没有的事项。诚如以上所述，历史可以有各种认识。对此，我希望大家抱着"发现"这种认识或理解方法的心情阅读，并感受到其中的乐趣。

2013年3月，东京大学与复旦大学的研究生和博士后研究员在复旦大学文史研究院举办了交流会。我与从东京赶去参会的宇野瑞木、内田力、佐治奈津子、鹈饲敦子、后藤绘美、寺田悠纪6人在入住宾馆大厅一起商讨策划这套日语版丛书的情景，此时此刻油然而生，回想起来不禁感慨万千。五年多的时光稍纵即逝，期间，不仅5卷全部顺利出版，更没想到，本套丛书的中文版也由复旦大学出版社出版了，这着实令人非常高兴。在此，衷心感谢推荐本套丛书在复旦大学出版社出版的葛兆光教授（复旦大学文史研究院）和准确、高效地翻译的张厚泉教授（东华大学）。期待本套丛书能与众多的中国年轻读者见面。

羽田正
2018年5月

横切·纵览·俯瞰!
全景世界史 3

海陆相连的世界

总主编 [日] 羽田正　撰文 [日] 佐治奈通子
绘画 [日] 竹永绘里　翻译 张厚泉

复旦大学出版社

2亿多年前的古代，地球上有一个巨大的大陆，我们称其为"泛大陆"。
"泛大陆"后来分裂，变成了现在的大陆形状(参见第1卷)。
在分裂后形成的大陆之一——非洲大陆上，诞生了人类。人类后来进入了亚欧大陆，
在冰河期，他们的足迹扩大到了南北美洲大陆和澳大利亚大陆。
但是，冰河期结束后，大海再次将大陆分隔开了。
亚欧大陆和非洲大陆相连接，但与美洲大陆、
澳大利亚大陆没有往来，它们各自形成了封闭的世界。
船宣告这个时代的结束。这一人类架设的桥梁再次
将各大洲连接了起来的，就是本卷要叙述的时代。
由航线再次将大陆连接起来的大陆，又称"新泛大陆"。
在第3卷从1450年至1750年这一时期里，人类越过广阔的大海相遇，
掀开了历史的新篇章。我们将这段时期"横切"成以下四个部分。

1450年前后，围绕在亚欧大陆和非洲大陆周围，
以中国南海、印度洋、地中海这三个海域为舞台的交流非常频繁，
而美洲和澳洲大陆与其他大陆之间还没有交通来往。
1550年前后，欧洲与美洲大陆之间开辟新航线之后，
连接亚欧大陆、非洲大陆、美洲大陆的
大西洋成为新的交流舞台。
1650年前后，通过交流，从其他大陆迁移过来的
人和动植物、物品和信息，给各地的生活带来了巨大变化。
1750年前后，连接澳洲大陆的航线也开通了，
至此，"新泛大陆"初见雏形。
这是一个超越大陆的新秩序，
开始取代之前的世界秩序的时代。

人类是怎样再次跨越大陆相互联系的？
在相互联系之前和之后，发生了什么变化？
让我们与当时远渡重洋的人一起回顾一下吧。

本丛书所使用的年代

本书在表示历史上所发生的事情的年代时，
使用阳历（公历）。
因时代和地区不同，世界上有各种各样的日历。但是，
当今，世界通用的日历是16世纪在欧洲确立的公历。
这种日历是以耶稣基督诞生的那一年作为1年的。
（但现在一般认为，耶稣的诞生要更早些。）
表示比公历1年更早时，用"公元前某年"表达。
如果说公元前100年，即指从公元1年倒数的第100年。
所谓"世纪"，是表示100年为单位的时代的词语。
自公元1年起至100年止是1世纪，自101年起至200年止是2世纪……以此类推。
自1901年起至2000年止是20世纪，自2001年起至2100年止是21世纪。
公元之前的时代，同样可用"公元前某世纪"表示。

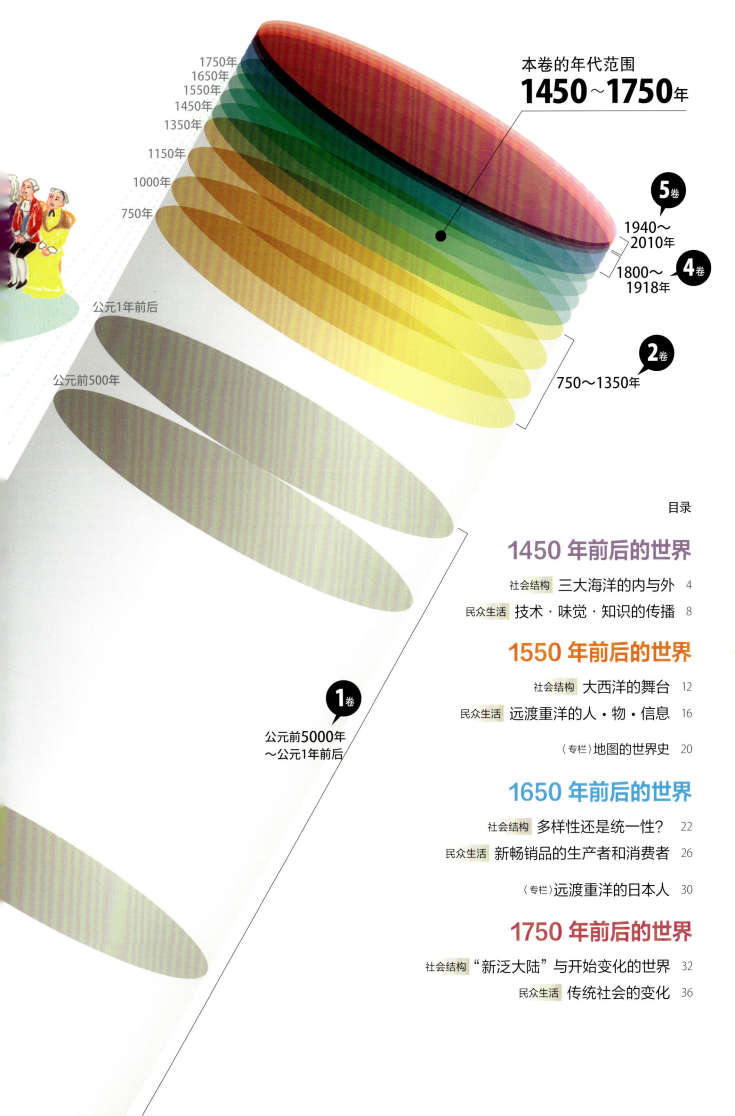

本卷的年代范围
1450~1750年

5卷 1940~2010年
4卷 1800~1918年
2卷 750~1350年
1卷 公元前5000年~公元1年前后

目录

1450 年前后的世界
- 社会结构　三大海洋的内与外　4
- 民众生活　技术·味觉·知识的传播　8

1550 年前后的世界
- 社会结构　大西洋的舞台　12
- 民众生活　远渡重洋的人·物·信息　16
- 〈专栏〉地图的世界史　20

1650 年前后的世界
- 社会结构　多样性还是统一性？　22
- 民众生活　新畅销品的生产者和消费者　26
- 〈专栏〉远渡重洋的日本人　30

1750 年前后的世界
- 社会结构　"新泛大陆"与开始变化的世界　32
- 民众生活　传统社会的变化　36

1450年 社会结构前后的世界

三大海洋的内与外 ④

人传人,海跨海。各种各样的商品在中国南海、印度洋、地中海这三个海域之间交换,从亚欧大陆的一个角落运到了另一个角落。中国的特产陶瓷、东南亚产的丁香和胡椒等高级调味料、东非产的黄金和象牙等都是热销商品。随着交易活动日益频繁,各地的统治者为了增强自己的力量,也开始对此加以利用。

在中国大陆沿岸辽阔的中国南海,明王朝开始对这一地区产生了影响。明朝的皇帝要求周围的各国遵从"朝贡"这一特殊的外交规则。所谓朝贡,就是要求各地的统治者对明朝皇帝俯首称臣,以此获得贸易许可的外交规则。朝鲜王朝、琉球王国(现在的冲绳)等国家,按照这个规则与明朝积极展开了交易(①⑥)。其中,琉球王国尽管出口产品较少,但致力于汇集其他国家的物资,成为贸易的一大中转地。

在印度洋沿岸,伊斯兰教在各地港口城镇的统治者之间广泛传播,这些统治者对周围没有采取统一的强硬政策,而是灵活地对待前来交易的各种各样的人,采取了宽容统治的政策。伊斯兰教对接纳这些多元化的民众起到了

积极作用（②）。

在地中海沿岸，发生了一件大事。拜占庭帝国的首都君士坦丁堡（现在的伊斯坦布尔），被向东地中海扩张的奥斯曼王朝攻陷了。此后，奥斯曼王朝把许多舰队派往东地中海，对掌握这一海域交易主导权的意大利商人的集聚地威尼斯等发起了进攻。面对号称地中海实力最强的威尼斯海军，奥斯曼海军从其手中逐步夺取了许多领土（③）。

在伊比利亚半岛，人们开始开拓通过非洲南端到达印度洋的新航线。因为亚洲和非洲的热销商品经过地中海，以接力形式转运后，价格一下子飞涨到原来的数倍乃至数十倍。对此，以威尼斯和热那亚为主的商人想直接采购这些商品，并得到了葡萄牙、西班牙等伊比利亚半岛国王们的支持（④）。

这一时期，虽然亚欧大陆各地和沿岸的岛屿通过交易建立了紧密关系，但另有一个富饶的世界与这个社会网络毫无关联，这就是南北美洲大陆和大洋洲的岛屿。美洲大陆各地生产的金、银、可可等物品，在美洲大陆内的交易非常兴旺，但是并没有与外部进行交易（⑤）。

1450年 前后的世界 社会结构

三大海洋的内与外

① 郑和下西洋

明朝的皇帝为了让更多的国家遵从朝贡这个新的外交规则,下令让臣僚郑和航海前往东南亚和非洲大陆各地。号称载有两万数千人的庞大舰队先后进行了七次航海,访问了马六甲海峡、印度、伊朗、阿拉伯半岛、东非等地。共有四十多个国家同意了明朝的朝贡要求。在访问东非的马林迪(《明史》等书称为麻林)班师回朝时,马林迪不仅派出了使节,还送上了活的长颈鹿作为礼物,令明朝人惊讶得目瞪口呆。

② 南海和印度洋的交汇点

这里是东南亚马六甲王国的港口,是来自中国南海和印度洋两个方向的商人集散、贸易繁忙的地方。来自埃及、阿拉伯海沿岸、印度、中国、越南、爪哇岛、琉球(现在的冲绳)等地的很多商船都汇集于此。如中国的丝绸和陶瓷等特产、东南亚的香料(肉豆蔻和丁香)、西亚和东非的黄金和象牙等商品都在此交易。马六甲国王一方面向明朝朝贡,另一方面受外来商人们的影响,改信了伊斯兰教。

③ 君士坦丁堡沦陷

奥斯曼王朝的年轻国王穆罕默德二世向敌对的拜占庭帝国发起了进攻,从海陆两路将拜占庭的首都君士坦丁堡包围了起来。为了攻打高高的城墙护卫着的城堡,甚至动用了大炮。大约五十天后,城堡终于沦陷了。在此之前,威尼斯和热那亚的商人们得到拜占庭帝国的允许,可以在东地中海自由地从事贸易活动。但是君士坦丁堡沦陷后,为了保护东地中海的商贸地,他们不得不与奥斯曼海军战斗,或上缴高额的费用获得继续经营的许可。

开拓新航线的人 ④

葡萄牙王国的国王为了获得亚洲和非洲的奇珍异品,不惜耗费巨资,派遣探险队去开拓新航线。首先,为了进军非洲市场,在非洲各地建立了贸易基地。在此之前,欧洲人为了获得黄金和象牙等非洲商品,必须通过地中海的交易渠道。但是,自从发现了新航线之后,他们就可以直接去非洲采购物资了。此外,葡萄牙人还通过非洲最南端的好望角进入了印度洋。

毫发不入 ⑤

在南美洲,强大的印加帝国非常繁荣。首都库斯科建设在海拔3400米高(有富士山的九成那么高!)的安第斯山脉的高地上。神殿、宫殿、民房、道路等规划细致,环绕城市的城墙是用重量在100吨以上的巨石堆砌起来的,而且巨石与巨石之间浑然一体地连接在一起,连一根头发都插不进去,这即便用现代技术也难以做到。另外,在没有起重机和卡车的时代,人们是如何将这些巨石运送到海拔3400米高度的,至今仍是一个谜。

不是自己国家制造的钱币 ⑥

现在,日本的钱币在日本国内制造是理所当然的事情,但在当时,日本出口砂金、水银、硫磺等,而从中国进口铜钱(中国钱)在日本国内流通。钱币竟然作为商品进口,简直令人难以置信。之后,只靠进口的中国钱币不够用了,日本就模仿中国钱币开始制造粗糙的"钚(yā)钱"。日本制造的钚钱质量虽然不好,但是弥补了当时的钱币不足,这种状态一直持续到江户时代初期。

1450年 民众生活前后的世界

谷登堡改良的活版印刷技术使《圣经》得以普及

大炮开始用于战争

④

在佛罗伦萨，对文艺复兴的发展做出贡献的美第奇家族

撒马尔罕的天文台

②

受到少数民族入侵的明朝重建万里长城，加强北方的防卫

在琉球（现在的冲绳）开始生产泡盛酒

⑥

在非洲，盐和金块、海贝等被用于支付

伊斯兰教在东南亚传播

③

利用航海罗盘和星盘航海的船员们

①

东南亚各地出现了生产香辛料的农场

技术·味觉·知识的传播

　　这个时代，航海罗盘（方位磁铁）、武器（枪和大炮）、印刷技术等改变人们生活的技术已经普及。随着人类活动范围的扩大，这些技术也比以前传得更广、更远。同时，人类在掌握了这些新知识、新技术后，进一步把活动范围扩大到了更远的世界。

　　这个时期，航海罗盘从中国经过阿拉伯半岛，开始在航海船员之间普及（①）。在此之前，进行远洋商贸的人们，只能凭借夜空的恒星和陆地的形状为航标，沿着陆地航行。航海罗盘的出现大大改变了这种航海方式。船员们用磁铁掌握方向后，即便是在看不见陆地的大海上也可以航行了。另外，印度洋的船员们使用的一种观测天体的星盘，也传播到了其他地区。用它可以在船上根据恒星的高度计算所在地的纬度。

　　人们之所以使用船只到遥远的地方去，其中一个原因是为了获得东南亚生产的胡椒、肉豆蔻、丁香、桂皮等香辛料。现在，这些香料是为了使菜肴更加可口的调味品，但是在当时是作为药品，用来预防和治疗疾病的。另外，香料也用于肉类的保存，几乎是与黄金一样贵重的东

日本驶向中国的勘合（官方许可的贡舶）贸易船

在阿兹特克的市场上，物物交换是交易的方式

在新西兰，遭到毛利族滥捕而濒临灭绝的恐鸟

在交通设施发达的印加帝国，用一种称作奇普（结绳）的方式传递信息

这个时代，是什么样的技术和信息改变了人们的生活呢？

西（③）。在同一时代，新的酿酒方法从泰国传到了琉球，饮食文化等也因跨地区的交流而发生了变化（⑥）。

随着武器的发达，战争方式也发生了变化。在此之前，蒙古游牧骑兵和西欧的重装骑兵等利用马的灵活机动能力的战术是最强悍的。但是，马匹的速度再快，也快不过枪炮的速度。因此，自从枪炮等武器普及后，骑马游牧民族的势力就渐渐衰落了。

作为传播信息和知识的技术，印刷术改良后，书籍开始在大众之间得到普及。在此之前，制作书籍时，要么靠手工一个字一个字地抄写，要么将字刻在木板上印刷，因此，无法一次性制作大量的书籍。但是，德国的谷登堡对活版印刷技术进行改良后，书籍可以大量印刷了（④）。德国乃至整个欧洲的普通百姓也能有机会读到基督教的《圣经》和古希腊、罗马的经典、马可·波罗的游记等图书了。人们为书中所写的《圣经》的故事、异国他乡的趣闻轶事感到惊奇和兴奋。

1450年 前后的世界 民众生活

技术·味觉·知识的传播

① 海上的航标

远离陆地、在大海上航行的船员们,利用航海罗盘和星盘掌握自己船只的所在位置。航海罗盘是利用磁铁石的磁力了解方向的工具,星盘是从恒星的位置了解时间和纬度的工具。多亏这些工具,船员们在茫茫的大海上也能确认船只的位置,可以远离陆地进行远洋航行了。中国的船员们从中国到苏门答腊岛是沿着陆地航行的,进入印度洋后,就利用这些工具在一望无际的大海上航行了。

② 正确的天体观测

帖木儿王朝是继承蒙古帝国的国家之一,天文学在帖木儿王朝得到很大的发展。第四代王朝的君主乌鲁格·别克(又译兀鲁伯)爱好天文学,于1420年前后,在撒马尔罕(今乌兹别克斯坦)建造了天文台,许多著名的天文学家在这里进行研究。乌鲁格·别克去世后,天文台遭到了破坏。但是,因为这里进行的天体观测的结果非常准确,之后仍然成为亚欧大陆各地制作日历时的参考依据。

③ 香辛料是药?

当时,香辛料被视为药品。那么,人们认为香辛料对哪些病有效呢?看看大批抢购香辛料的西北欧洲(这里指大不列颠、北爱尔兰及爱尔兰——译者注)的例子吧。胡椒用于治疗胃肠不适、咳嗽、蛇咬伤;肉豆蔻用于治疗晕船、失眠症、腹泻;丁香用于帮助恢复记忆力和治疗牙痛、呕吐;桂皮用于治疗食欲不振、擦伤等,都有相应的效果。另外,在菜肴里加入香辛料,不仅会提升口感、增强食欲、促进消化,对调节营养平衡也有好处。

10

《圣经》与知识、冒险传说

德国的工匠谷登堡,1454年用铅制成活字,组成板状,想出了用榨葡萄机压在纸上印刷的方法。谷登堡开设的印刷厂不仅在1455年制作了世界上第一部由印刷机印刷的《圣经》,还印刷了《荷马史诗》等古代希腊、罗马的经典著作和拉丁语的词典。在此之前书籍很贵,自从活版印刷的技术问世后,一般民众也能读到书了。据说航海家哥伦布小时候也让父亲买过活版印刷的地理书。

用绳传达的信息系统

南美洲的印加帝国没有文字。但是,人们用绳子和绳结记录数字以及比数字更加复杂的信息。这种用好几根绳子扎起来的记录方法,被称为"奇普"(khipu)。绳子的颜色和粗细、绳结的结法和位置等,每一个都有其具体的意思。用"奇普"记录的有关人口、农产品、审判、历史等各种记录都流传了下来。印加帝国虽然有全长5 200公里的道路网,但利用这种"奇普",可以将信息在一天内传递到250公里以外的地方。

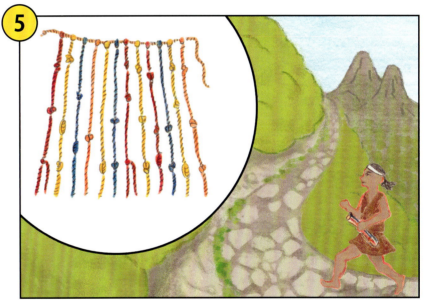

用外国技术和材料酿造的味道

15世纪后期,酿酒蒸馏技术从泰国的阿瑜陀耶王朝传到琉球王国,享有盛名的冲绳泡盛酒就是这个时期酿造出来的。以泰国产的大米为原料,对曲霉菌进行了改良以适应琉球的气候条件,生产出了具有独特口味的酒。泡盛酒在当时是非常高级的、专供琉球王国宫廷饮用的酒,也被作为贡品奉送给中国和日本。泡盛酒现在成了冲绳的特产,其实是这个时代的琉球王国与东南亚各地交流后酝酿出的味道。

1550年 社会结构前后的世界

英国的亨利八世与罗马教廷断绝关系，开创英格兰国教会

马丁·路德号召民众发起宗教改革

阿兹特克帝国被西班牙人所灭

被西班牙侵略的印第安人逃往内陆

桑海王国的繁荣

大西洋的舞台

意大利热那亚的商人克里斯托弗·哥伦布（1451前后—1506年）也是前往被视为香辛料等贵重商品产地的印度（当时的欧洲人将东南亚等地也称为印度）探访新航线的船员之一。他相信"地球是圆的"——这一当时尚未确定是否正确的学说，认为即便从西面横跨大西洋，也有可能会到达印度。1492年，他在西班牙国王的援助下，开始了西行航海。但是，他到达的不是目的地印度，而是美洲大陆。以这次旅行为契机，开拓了连接亚欧大陆和美洲大陆之间的新航线。

到了1550年左右，以连接欧洲的伊比利亚半岛、非洲大陆西岸、美洲大陆东岸三大地区的大西洋为舞台的交流变得十分频繁。主导这种交流的是神圣罗马帝国的皇帝卡尔五世。他支持并援助了通过横跨大西洋航线开辟新天地的探险家活动。而且，他在已经统治了大半个欧洲之外，还想扩张到美洲大陆，甚至菲律宾（①）。但是，在卡尔五世统治的辽阔领土上，并非所有人都是追随他的（②）。另一方面，葡萄牙王国利用东路的航线，积极加入到从非洲大陆沿岸到印度洋、中国南海为舞台的亚洲交易中。有

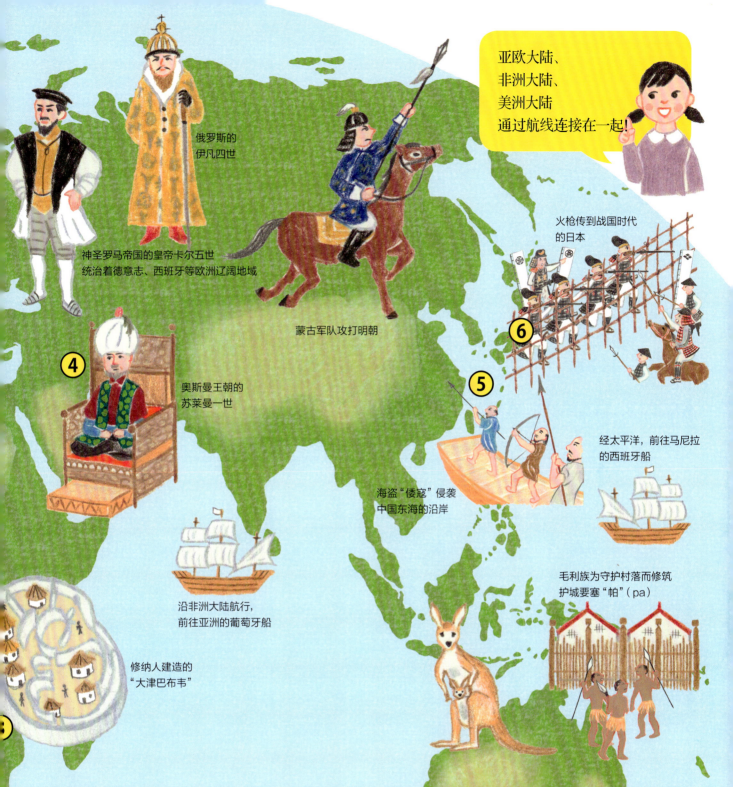

时还用武力在各处建立基地,并且想将这些基地连接起来建立"海洋帝国"。

这样,虽然与大西洋对岸的美洲大陆之间出现了新的交流航线,但与美洲大陆进行直接交流的,主要还只是西欧国家。在海上,以印度洋和中国南海为舞台的交流依旧活跃;在陆地,奥斯曼王朝、萨非王朝、莫卧儿王朝、明朝等帝国繁荣而强大。这个时期的奥斯曼王朝,对埃及和叙利亚的统治已经趋于稳固,东部是现在的伊拉克,西部领土扩张到了匈牙利(④)。北印度的莫卧儿王朝多元化的族群也在君主阿克巴的统治下,在幅员辽阔的领土上过着安定的生活。

在日本,战国时代持续了相当一段时期,织田信长想要统一全国(⑥)。而统治中国的明朝政府在管理与外国贸易往来的问题上陷入困境。这是因为:在陆地,要求扩大交易的北方蒙古势力反复入侵;在海上,被称为倭寇的海盗集团与中国商人携手,走私贸易非常猖獗(⑤)。

1550年 前后的世界 社会结构
大西洋的舞台

1. 不祥的白人

在阿兹特克帝国（今墨西哥）流传着这么一个传说：有一种来自太阳升起方向的白人，终有一天会毁灭我们。正如传说所言，西班牙人越过大海从东边过来了。其中有一个叫科尔特斯的人，他在1521年把阿兹特克皇帝作为人质，利用帝国的内部纠纷，仅仅数十人就把当时号称拥有1千万以上人口的阿兹特克帝国灭掉了。就这样，西班牙人扩大了对中美洲的统治。

2. 天主教会令人厌烦

在欧洲西部和中部地区，人们对以罗马教皇为首的天主教会收受贿赂、营私舞弊等腐败行为产生了强烈的不满和质疑。马丁·路德是其中的代表。他与天主教决裂，以自己的信仰建立了新的教会。对此表示支持的人被称为新教徒。尽管神圣罗马帝国的卡尔五世支持天主教，但反对天主教的贵族支持新教，在各地发动了叛乱。此后，天主教和新教两派之间陷入了长期的纷争。

3. 金色的国度

在非洲大陆东南部的赞比西河流域、位于现在的津巴布韦附近，有一个修纳人建立的姆韦尼·马塔帕王国非常繁荣。王国出产黄金和象牙。作为印度洋贸易的集散地，位于河口的索法拉是一个充满活力的、汇集内陆商品的港口城市。修纳人建造的巨大而精致的石造建筑被称为大津巴布韦，这里也出土了中国（明朝）的陶瓷器。葡萄牙商人也想方设法与这个富裕的王国开展贸易。从1540年起，双方终于开始了贸易。

立法者苏莱曼一世

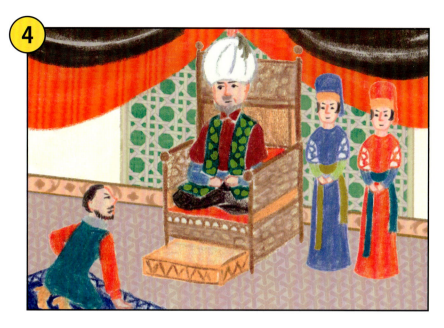

在奥斯曼王朝征服的辽阔领土上,生活着各种各样不同语言、宗教、职业和风俗习惯的人。君主苏莱曼一世是伊斯兰教徒,他竭力根据圣典《古兰经》的教导治理国家。但是,他并没有强行推行伊斯兰教,而是对非伊斯兰教信徒的民众灵活对待,制定了一系列必要的、能让他们安心生活的法律。这么做的结果是,两者之间的地位虽然多少存在着一些差异,但形成了一个能够使伊斯兰教徒和非伊斯兰教徒的民众共同生活的安定社会。

倭寇来了!

这个时期,由日本人、朝鲜人、中国人等构成的、被称为倭寇的海盗,时常骚扰洗劫中国东海沿岸。倭寇猖獗的主要原因在于中国和日本之间的贸易有很大的利益,但是明朝却禁止这种贸易活动。于是,生活在日本和中国沿海地区、靠海生活的一些人就集体走私,有时还会动用暴力进行掠夺。西班牙人在菲律宾建设的港口城市马尼拉,曾遭到60艘船只攻击。以此为契机,西班牙人为了保护城市而建造了城墙。至今那里还保留有当时的城墙,现在成了游览胜地。

洋枪统一日本

这个时期的日本处于战国时代。室町幕府逐渐衰退,战国大名中有势力的武将们在各地争夺地盘。他们积极引进海外的知识和技术,开采矿山、推进贸易,积蓄了军事和经济实力。另外,1543年,葡萄牙人带来了洋枪,让长期以来以骑马为主的战争方式发生了很大的变化。尾张(今爱知县)的织田信长率先掌握了使用洋枪的战术,并迅速扩大了地盘。最后将幕府的将军赶出了京都,立志统一日本。

1550年 民众生活前后的世界

白银从美洲大陆运往欧洲

法国宗教战争（胡格诺战争）

从新大陆传来的物产
火鸡、玉米、辣椒、红薯、可可

塞维利亚港

奴隶作为替代印第安人的劳动力，被运往美洲大陆

美洲大陆爆发天花

在波托西银山惨遭奴役的奴隶

被带到南美的家畜

运送奴隶的船只驶往美洲大陆
非洲西海岸被称为"奴隶海岸"

远渡重洋的人·物·信息

随着新航线的开通，美洲大陆出产的各种物资通过海上运输，开始运到亚欧大陆和非洲大陆。例如，我们现在司空见惯的西红柿、土豆、玉米、可可、辣椒、香烟、橡胶等，这些东西原本都是美洲大陆才有的作物。一些到过美洲大陆的人将它们带回去之后，就在世界各地传播开了（①）。

从美洲大陆还运来了大量的白银。这个时期，中国的明朝用白银缴税。为此，人们想法设法要弄到支付给政府的白银，白银的需求量很大（②）。与明朝进行贸易的商人们为了换到中国产的丝绸和陶瓷器等物品，也必须要有白银。恰在这时，西班牙人在南美发现了丰富的银矿山（③）。他们将美洲产的大量白银运到了菲律宾的马尼拉港和西班牙的塞维利亚港。

另一方面，也有从别处传到美洲大陆的东西，譬如鼠疫和天花等病原菌。这些与西班牙人一起远渡重洋的疾病，在美洲大陆的原住民印第安人中爆发性地传染开了。由于印第安人对这种病没有免疫力，很多人都病死了。幸存下

来的也被西班牙人带到矿山，被迫进行残酷的体力劳动，因此很多人死于非命。为了补充因印第安人减少而引起的劳动力不足和食物不足，西班牙人从欧洲带来了马、羊、猪等家畜。这些家畜渐渐地野生化后，很快就繁殖蔓延开了。这些家畜将草吃尽，将地面踏硬，致使美洲的许多土地急速贫瘠，不再适合农业了。

在印度洋和中国东海，葡萄牙人绕过非洲大陆的南端，也来到了这里。他们当中有一部分人长期居住在这里后，与本国的关系变得淡薄，有些人就融入了当地社会（④）。日本人也越过大海，到达东南亚，积极与海外进行交易。但在日本国内，战国时代的战乱持续了很长一段时期（⑥）。

人们远渡重洋的理由不仅仅是为了交易。在欧洲各地受到来自新教批判的天主教会，不仅要对信仰和组织进行改革，而且还面临信徒减少的问题。为了增加信徒，天主教会强烈地意识到需要去海外传教（⑤）。

1550年 前后的世界 民众生活

远渡重洋的人·物·信息

1 火鸡到底是从哪里来的?

在欧美,火鸡是圣诞节的经典菜。英语称它为"turkey(土耳其鸟)",但在土耳其称为"Hindī(印度鸟)"。那么,印度呢?印度称它为"秘鲁鸟"。此外,阿拉伯语称"希腊鸟",希腊语称"法国鸟",法语称"印度鸟"……谁都不知道火鸡的故乡到底是哪里。这种巨大的、不会飞的鸟,它的故乡其实是美洲大陆。

2 必须上缴白银

明朝的老百姓最初是用谷物和劳役等缴税的。但是随着蒙古军队越过万里长城、入侵中原,明朝就必须在边境上布置大量的军队。明朝政府想到,作为购买士兵的武器和粮食的资金,比起成堆的谷物,体积小、价值高的白银显然效率更高,于是就决定用缴纳白银作为税收。因为明朝国内的白银很少,所以人们为了收集白银煞费苦心。为了逃避缴税,有些人弄虚作假,也有些人放弃了土地、远走他乡。

3 吃人的山

1545年,在玻利维亚发现了波托西银山,这里开采的白银之多是世界独一无二的。产量多的时候每年有250万吨以上,大大增加了全世界的白银流通量。为了开采银矿,美洲大陆的印第安原住民被当作奴隶奴役。他们因无法忍受残酷的劳动和虐待,有的逃进山区,在饥饿和绝望中丧生。从欧洲传来的天花等传染病也到处肆虐,印第安原住民的人口急剧下降,美洲大陆陷入了劳动力严重不足的状况。

欧亚混血儿的诞生

葡萄牙的商人们期盼一夜暴富,坐船来到遥远的东南亚。他们在当地生活了一段时期之后,逐渐习惯了那里的生活,和当地的商人一起开始了私人贸易,这种交易与其说是为了葡萄牙国王,不如说是为了他们自己。因为商人多为男性,他们和当地的女性结婚生子,这些孩子被称为"欧亚混血儿"。他们虽然有葡萄牙人的身份,但并没有去过葡萄牙,而是在当地长大的。

传播天主教

面对来自新教的批判,天主教会内部为了重建教会,在1534年前后建立了由修道士组成的"耶稣会"。他们为了宣传天主教,冒着生命危险,不远万里前往印度、日本、美洲大陆传教。这一活动颇具成效,在新教迅速推广的波兰等地区,也有不少人仍然信仰天主教。但是,传教活动所到之处都会在当地建立自己的教区,并与收缴税金结合在一起。因此,教会有时与当地的权势阶层产生纷争。

战争·饥馑·暴动

由于长时间的战争和连续饥荒,日本的战国时期是一个连生存都难以维持的时期。每次战争,老百姓都必须按照诸侯的要求提供人、马和粮食,土地或是成为战场化为焦土,或是遭到掠夺。贫困潦倒的百姓们为了改变这种政治局势,揭竿而起,掀起了暴动。甲斐国(现在的山梨县)的武田晴信(信玄)也在发生严重饥荒的那一年,为了改造社会而发动了政变,自己成了诸侯,据说受到了老百姓的热烈拥护。

托勒密的世界地图（150年左右）。非洲大陆（左下）和东南亚（右上）在南面，画成了陆地相连的形状。
梵蒂冈图书馆藏

伊德里西的世界地图（1154年）。把包含麦加在内的南部画在了上方，但如果倒过来看的话，则与托勒密的地图形状相似。
牛津大学博德利图书馆藏

地图的世界史

〈专栏〉

我们生活的地球是
一个怎样的世界？
人类一直试图通过
各种各样的想象，
用绘画和文章描绘出来。
让我们从各种各样的世界地图中，
追寻人类的世界观及其变化吧！

中世纪欧洲画的世界地图（1300年前后）。圆的顶点是伊甸园，稍下方画着巴别塔。
赫里福德大教堂藏

基于不同的世界观绘制的地图

2世纪左右，出生于埃及的托勒密采用纬度和经度这一非常科学的方法绘制了地图。虽然在希腊，从公元前5世纪左右起，人们就已经知道了地球是一个球体，但是托勒密继承了这种科学知识后，摸索出了如何将球体的地球绘制在平面纸上的方法。尽管除了他所生活的地中海周边之外，其他地方由于信息不足而没有正确地画出来，但是他制作的地图（左上）成为现代地图的原型。

托勒密的地图知识和信息在12世纪伊斯兰教徒伊德里西绘制的地理书的世界地图（上）里也得到了传承。在这张地图上，圣地麦加的方位画在上方，整个世界都被大海和火包围着，反映了伊斯兰教经典《古兰经》的世界观。但是与托勒密地图相同的是，地图上也有岛屿和山脉。相对于宗教性的世界观，伊德里西绘制的世界地图更重视如何为交易或朝圣提供必要的信息。

而在中世纪的西欧，托勒密的地图被遗忘了。取而代之的是表达基督教《圣经》世界观的世界地图。地图的上部是被认为在东方的伊甸园，中央部分是圣地耶路撒冷。另外，还画有《圣经》上出现的巴别塔、基督受刑的场面、天使等。这幅地图与其说是指引人们如何到达地面上的目的地，不如说似乎更重视指引人们如何到达天国。

在日本，直到16世纪中期为止，都是根据佛教的世界观制作世界地图的。例如，右边这幅图是奈良的法隆寺收藏的"五天竺图"。在这张地图上，世界的中心有一座称为须弥山的圣山，其南面开阔的大陆是人类世界。在人类居住的大陆上，有"天竺"（印度）和"唐"（中国），隔着大海还有"本朝"（日本），世界是由这三个区域构成的思维跃然纸上。佛教的发源地天竺画得很大，而且把玄奘三藏将佛典从天竺带回唐朝的旅程用红线标了出来。

变化的世界地图

各地根据各自的世界观绘制的世界地图，从15世纪后期开始发生了巨大的变化。通往亚洲和非洲的新航线被发现，长期以来不为基督教徒所重视的、具有科学性的托勒密地图重新获得了评价。而且，在托勒密的时代还不为人知的地区，由欧洲人通过探险逐步填补了空白。吸收了这些成果后重新绘制的世界地图，对欧洲之外的地区也产生了影响。

参加过哥伦布航海的领航员拉·科萨在1500年第一次将美洲大陆画入世界地图（右下）。地图的东半部分是依据托勒密的地图和基督教的世界观绘制的，而西半部分则加入了拉·科萨自身多次参加大西洋探险获得的最新信息。1494年，葡萄牙和西班牙之间界定的子午线（按照界定，这条线西侧的土地属于西班牙，东侧则是葡萄牙的领土）也用绿色画了出来。

根据佛教世界观绘制的、现存最古老的世界地图"五天竺图"（14世纪）。
日本法隆寺藏

世界地图上的日本

13世纪日本被马可·波罗作为"黄金之国日本国"（Cipangu）介绍后，受到了欧洲人的关注，被当作传说中的岛屿绘制进了地图。

15世纪葡萄牙人首次造访日本之后，才绘制出了正确的日本地图。当时的日本在石见银山（岛根县）拥有丰富的银矿，作为世界屈指可数的白银产地而备受关注。在1595年葡萄牙人绘制的地图上，也清晰地绘制了石见银山。

江户时代日本开始锁国后，因为不允许外国人调查日本各地，所以也就无法绘制出正确的地图了。填补这个空白的是19世纪的伊能忠敬（→第4册第7页）和间宫林藏绘制的地图。这幅地图除了北极和南极之外，基本上是一幅完整的世界地图，后来被介绍到了欧洲。

对于生活在各自不同世界观里的人们来说，面对展现在眼前的新的世界形态，一定感受到了一种强烈的冲击吧。如同生活在现代的我们一样，当未知的宇宙形态展现在我们面前时，也一定会产生同样的感觉吧。

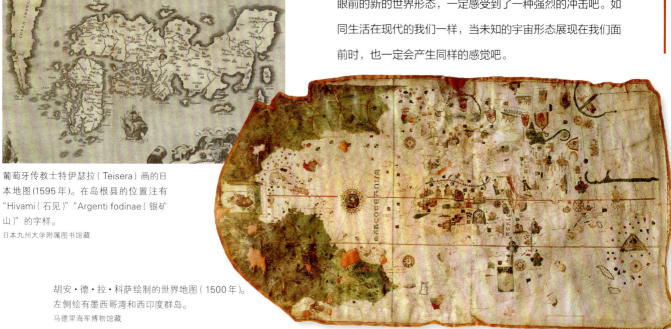

葡萄牙传教士特伊瑟拉（Teisera）画的日本地图(1595年)。在岛根县的位置注有"Hivami（石见）""Argenti fodinae（银矿山）"的字样。
日本九州大学附属图书馆藏

胡安·德·拉·科萨绘制的世界地图（1500年）。左侧绘有墨西哥湾和西印度群岛。
马德里海军博物馆藏

1650年前后的世界

社会结构

多样性还是统一性？

　　世界在亚欧大陆和非洲大陆相互交流的基础上，又开始了与美洲的交流。宗教、语言、习惯等各不相同的人来来往往，在地球上形成了一个前所未有的、共同生活的局面。

　　在亚欧大陆中部地区处于鼎盛的奥斯曼王朝、萨非王朝、莫卧儿王朝等各个王朝，都采取了尊重多样性的政策。在这些王朝的统治范围内，仅按宗教分类，就有伊斯兰教徒、基督教徒、犹太教徒、琐罗亚斯德（袄教、拜火教）教徒、印度教徒等各种各样的人生活在那里，宫廷里也使用好几种语言（②）。

　　在东亚，1644年明朝灭亡，中国东北部的女真（"满洲"）建立的清朝南下，扩大了对南部的统治。清朝对当地的汉族实施了同化政策（②），但在新纳入版图的青藏、准噶尔等地区，则采取了容忍当地宗教和习惯的方针。

　　在日本，战国大名德川家康平息了战乱后，于1603年建立了江户幕府。以幕府为权力顶峰的体制得到完善并趋向统一化（⑥），但是对于各藩的地方统治，则委派曾是战国诸侯的藩主负责。因此，日本各个地区都保留了当地的多样性。

在亚欧大陆的北方,以中央集权制为目标的罗曼诺夫王朝实力不断增强,谋求向东方和南方进行领土扩张。在东面进入黑龙江流域与清朝作战,在南面围绕乌克兰的归属与波兰相争,来自亚欧大陆北方的压力日益增大(③)。

在西欧的部分地区,开始出现了生活在同一个地区的人应该信仰同一个宗教、说同一种语言的统一化倾向。在英国和法国,国王将原先掌握在贵族和神职人员手中的权力集中到自己手上,推动了宗教和语言的统一(④)。

另一方面,在神圣罗马帝国的统治地区,仍然有各种各样的族群杂居。但是,之后天主教与新教对立,引发了长达三十年的战争,并根据其后签订的《威斯特伐利亚和约》,各地的统治权力随之分立,从而促进了在各自统治地区范围内的语言与宗教的统一。

在非洲大陆,自从发现了新航线后,贩卖奴隶到美洲大陆的交易变得活跃了起来。被当作奴隶的是各部落之间进行奴隶争夺战争中的俘虏。葡萄牙商人为了获得更多的奴隶,出售武器,煽动部落之间的对立,企图独占奴隶交易的利益(⑤)。

1650年 前后的世界 社会结构

多样性还是统一性?

① 皇帝的叹息化为石冢

在印度恒河的支流上,耸立着一座美丽的白色大理石圆顶建筑。"泰姬陵"这座建筑,是莫卧儿王朝的皇帝为王妃建造的坟墓。失去了爱妃后,皇帝非常悲伤,倾举国之财力,花费了二十年的岁月,建成了这个建筑。传说因为皇帝过于悲伤,所以泰姬将皇帝的叹息变成了石冢。在印度教信徒众多的南亚建立如此宏伟的伊斯兰建筑,是莫卧儿王朝统治下两个宗教和平共处的象征。

② 留发还是留头?

清朝皇帝开始统治中国之后,命令被征服的汉人和女真族留一样的发型。男性的发型称作"辫发",即将头发的一部分保留,上部剃掉,留下的头发分成三股编织起来。汉人认为,损伤头发是不好的行为,所以他们誓死抵抗。但是清朝的皇帝下令:"留头不留发,留发不留头。"拒绝辫发的人被处以死刑。

③ 北方的新势力

俄罗斯于1613年,由米哈伊尔·罗曼诺夫开创了罗曼诺夫王朝。罗曼诺夫王朝在蒙古族的势力逐渐衰弱的东面进行了领土扩张,与北欧、东欧有影响力的邻国波兰、瑞典签订了和平条约,努力平息纷争。另一方面,在国内确立了农奴制和官僚制度,实施以君主为中心的极权统治。在这个时代,罗曼诺夫王朝筑起了通往"帝国"的跳板。

"太阳王"路易十四

法兰西王国的路易十四,将原本属于神职人员和贵族的权力集中到自己的手中,意欲打造一个强有力的君主制。政治的中心也放在了自己生活起居的凡尔赛宫。像这种以国王为中心的政治体制称为"绝对君主制"。路易十四信仰天主教,他不允许领土内的人信奉与他不同的、天主教以外的宗教。另外,语言也统一使用法语,提高了领土内的一体性。如同他所说的"朕即国家"那样,国王就是这个国家的法则。

恩津加女王的抗击

位于非洲西南部的恩东戈王国,从1550年起就因与葡萄牙人进行奴隶贸易而繁荣。每年有1万名以上的奴隶从王国运到巴西,被强迫在甘蔗园劳动。但在1579年,葡萄牙人为了独占这一贸易的利益,攻打恩东戈王国并强占了王国的领土。恩东戈王国的女王恩津加率领军队与葡萄牙展开了战斗。恩东戈的王都被攻下后,恩津加占领了邻国马汤巴王国,并以此为据点,誓死抵抗葡萄牙的侵略。

谁是基督徒?

江户幕府重视从贸易中获取利益,起初,与葡萄牙、西班牙的交流是非常积极的。但是,因为传教士们试图传播神和罗马教皇至上的世界观,幕府渐渐地对传教士的基督教传教活动提高了警戒。为此,幕府开始禁止基督教,将信徒或驱逐到国外或处以死刑,实行了严厉的镇压。为了揪出隐藏的信徒,幕府让人踩踏耶稣基督像,用"踩画"的方法甄别是不是基督徒,并禁止日本人出国。

1650年 民众生活前后的世界

运往英国等地的木材

鼠疫再次流行 当时医生戴的口罩

④ 为了获取毛皮，海狸遭到滥捕濒临灭绝

从英国移民而来的殖民地移民组成新英格兰同盟

在咖啡农场劳动的人

奴隶船

新畅销品的生产者和消费者

　　这个时期的世界，通过新航线进行交易，出现了新的畅销商品如咖啡、砂糖、烟草、棉布、海狸的毛皮等等。这些商品跨越大陆，在各地区受到青睐。例如，烟草原本是美洲大陆才有的植物，印第安人将烟草叶具有的致幻和镇痛作用，用于宗教仪式和缓解疼痛。从美洲大陆回来的商人和船员将吸烟的习惯带到亚欧大陆后，上自贵族下至普通百姓，立即在各个阶层、地区的人们中传播开来，大家都对烟草着了迷（①）。其中出现了一些不想付出高昂代价从美洲进口，试图自己廉价生产烟草的人。于是，在亚欧大陆各地开始出现了烟草种植。在这种连接亚洲、美洲大陆和欧洲的商贸中，荷兰和英国创建的"东印度公司"非常活跃，他们经销的商品在欧洲掀起了一阵东方（东方国家和地区）热潮（②）。

　　另外，不仅生产和消费在各个大陆进行，制作商品的劳动者也在不同的大陆之间迁移。例如，作为咖啡原料的咖啡豆在美洲大陆的巴西大农场生产，用船运到亚欧大陆后供人消费（③）。而在巴西大农场工作的人，大多是从非洲大陆运来的黑人奴隶。

海狸帽 ④

在欧洲，用海狸毛皮缝制的帽子"海狸帽"非常流行。由于它光泽亮丽、经久耐用，贵族和军人们争相拥有一顶这样的帽子。欧洲人将欧洲附近的海狸都捕获殆尽了，于是，他们就移居至北美洲寻找海狸，并和当地的猎人联合起来疯狂滥捕。每年有高达50万只海狸被捕杀，令海狸濒临灭绝。海狸的数量锐减后，毛皮的价格变高了，之后就用丝绸（绢）代替，这就是"真丝大礼帽"。

不变的生活 ⑤

世界各地开始快速地连结了起来，但也有许多人仍然过着几乎与外界隔绝的生活。新西兰的毛利人也是其中之一。10世纪左右，毛利人坐船来到这个岛后，就靠捕鱼和捕捉一种叫"恐鸟"的巨鸟生活。渐渐地他们开始耕作，并按照村落的形式在这里定居了下来。如果发生有关土地的争执，男性就作为勇敢的战士挺身而出，为保护村落而战。女性则从小就学习编织衣服的方法，用树叶和禽鸟的羽毛编织出带有美丽图案的衣服。

印度棉布的和服 ⑥

蓝色和茶色等素色和条形图案，是这一时期进入日本并流行的印度产棉纺织品。这些图案对于当时的日本人来说是崭新的，也是充满了异国魅力的。幕府虽然限制了与国外的贸易，但是中国和荷兰的商人从长崎运来了各种各样的外国商品。从国外进口的奇珍异品，起初是供将军、富裕的商人和追赶时尚的艺伎穿戴的。后来，普通百姓也穿上了，逐渐形成了日本式的、精致考究的"粹"的风格。

驶离长崎港的朱印船《朱印船交趾渡海图卷》九州国立博物馆藏，摄影：小平忠生

〈专栏〉

远渡重洋的日本人

距今四百多年前，
就有日本人在东南亚各地
从事贸易或在那里定居。
他们生活在语言和文化不同的
异国他乡，
背后有着怎样的故事？

朱印船贸易和日本街

从16世纪末到17世纪初，由于得到了幕府的许可，日本与外国的贸易非常活跃。这种许可证称为"朱印状"，贸易船称为"朱印船"。直至1635年完全禁止出国（锁国）止，大约五十年间共有三百六十多艘朱印船出国交易。

那么，有多少人乘船出国了呢？按照平均一艘船乘坐两百人计算的话，那么乘船出国的人数在七万二千名以上，也有研究说达到了十万名以上。

因为当时的船是帆船，所以在等待返回日本的风向时，或者是因为生意的需要，也会有很多人在各地的港口城市住下来，这种地方被称为日本街。据推算，这样的人数超过一万人。左边的地图是各地日本街分布的示意图。四百多年前，当时的日本人竟然到过这么多的国家和城市。

上面的图是驶往"交趾"（现在的越南）的朱印船。驶出长崎后，从五岛列岛经由台湾海峡，沿着中国的海岸，到达中南半岛（Indo-China Peninsula）。从长崎到交趾的距离为一千八百多里（约七千一百公里）。如图所示，朱印船有三根桅杆，长约四十五米，宽约八米，载重约三百吨，这在当时是一艘载重量很大的大型船。

被驱逐到马尼拉（菲律宾）的高山右近

现在的菲律宾首都马尼拉的迪拉奥一带，有一个历史最悠久的日本街，史料记载可以追溯到1567年。在最繁荣的时期，那里有三千名以上的日本人居住。日本采取锁国政策

东南亚各地的日本街和日本船的航线

● 日本街所在地，○ 主要贸易港　（岩生成一《续 南洋日本町的研究》，岩波书店）

树立在迪拉奥广场（PLAZA DILAO）的
高山右近像
摄影：松浦笃志（smacph.com）

之后，日本街也衰落了，1708年以后，连寄往日本的信件都没有了。

现在的迪拉奥广场上，竖立着一尊名叫高山右近的日本人雕像。1552年，出生于摄津高山（现在的大阪府丰能郡）的右近，12岁时接受了基督教的洗礼，长大后一直跟随在织田信长、丰臣秀吉、德川家康等战国大名左右。

自秀吉开始的取缔天主教徒（基督教徒）政策，被江户幕府继承下来，渐渐地变得愈加严厉了。右近不屈服于幕府的镇压，坚持自己的信仰。1614年，他最终被德川家康下令驱逐出境。右近和家人、其他信徒、传教士等一百多人一起被流放到马尼拉，第二年就病死在了那里。后来，在欧洲有名为《正义的右近》的戏剧，主要是在德国上演。由于信仰而遭到国家驱逐的右近，在国外比在日本更有名。

长政后来卷入阿瑜陀耶的王位继承的斗争，传说1630年左右遭到阿瑜陀耶王帕拉赛·东的暗算，被毒杀致死。长政的儿子奥英虽然继承了父业，但失去了统帅的日本街已经没有了往日那种生气。帕拉赛·东放火烧了日本街，奥英他们不得不逃往柬埔寨。此后，阿瑜陀耶的日本街急剧衰退。

生活在巴达维亚（印度尼西亚）的女性

为了贸易来到平户和长崎的欧洲人当中，不乏与日本女性结婚成家的。基督教遭到禁止后，这些女性以及她们与外国人所生的孩子，因为是基督徒而遭到了幕府的驱逐。1636年，葡萄牙血统的人被驱逐到澳门。1639年，荷兰、英国血统的人被驱逐到巴达维亚（现在的印度尼西亚首都雅加达）。也有在被驱逐之前就跟随父亲一起离开日本的孩子。

当时的巴达维亚是荷兰东印度公司的集散地。移居到这里的女性中，有平户的荷兰商馆长的女儿科妮莉亚·内恩罗德和一位住在长崎的名叫小春的女性。小春后来还有一首关于她的流行歌曲，叫做"雅加达的小春"，在日本很有名。通过歌词很多人知道小春遭到日本驱逐、是一位可怜的女性而同情她。

但实际上，这两位女性都与荷兰东印度公司的商务职员结婚，过着非常富裕的生活。婚后生了很多孩子，还给日本的亲戚寄了信和礼物，部分信件在日本的平户资料馆展出。

下图是荷兰阿姆斯特丹美术馆展出的科妮莉亚一家的肖像画。从中可以看出，那种宛如贵族般的装束着实令人惊讶。她们是走在17世纪全球化世界前沿的女性缩影。（撰文 白石广子）

阿瑜陀耶的旧地图上画的日本街
瓦伦丁著《新旧东印度志》第3卷，日本国立国会图书馆藏

活跃在阿瑜陀耶（泰国）的山田长政

现在的泰国当时由阿瑜陀耶王朝统治着，那里的王城也有日本街。上图是当时欧洲人画的地图。各国商人在王城周围分别建立了居住地，势力竞争的状况可想而知。

这时移居到阿瑜陀耶的日本人中，最有名的是山田长政。长政在1610年左右到达阿瑜陀耶，1621年左右成了日本街的长官。当时，阿瑜陀耶有数千日本人，与其他地区的日本街不同的是，这里还拥有强大的武装势力，据说还承担护卫王族的责任，允许自由贸易，很受重视。

科妮莉亚一家的肖像画，右面第三人是科妮莉亚　阿姆斯特丹博物馆藏

1750年前后的世界 社会结构

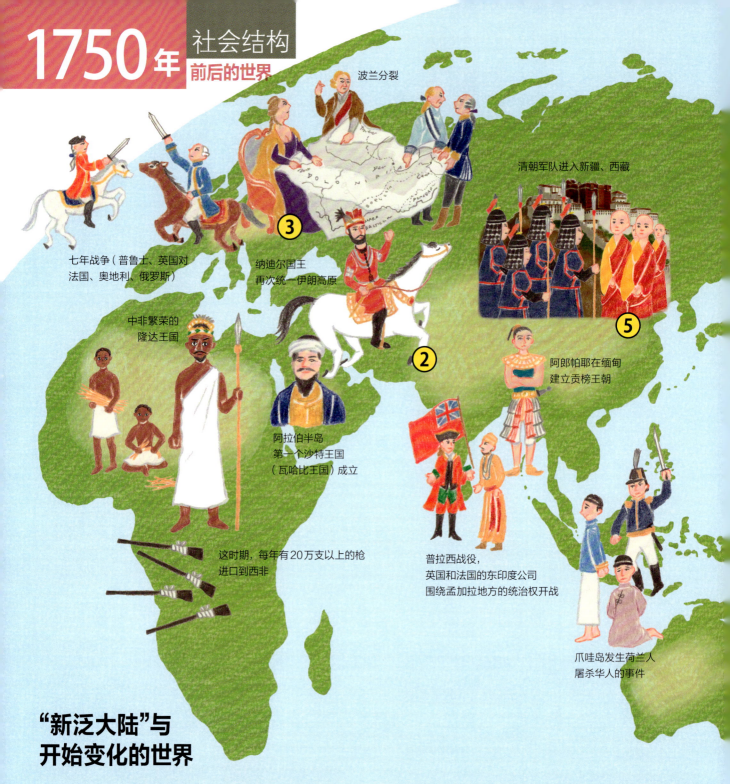

"新泛大陆"与开始变化的世界

澳大利亚大陆，夏威夷、新西兰等大洋洲的岛屿，之前与其他地区的接触是有限的。但是，这个时期的西欧各国人经常前往探险，并正式进入这些地域生活（①）。由于开辟了大洋洲航线，至此，除了南极，所有的大陆都由航线连接了起来，形成了"新泛大陆"。因此，大陆相连之后的、新的世界秩序开始形成，而之前的秩序则逐渐被取代。

在亚欧大陆中部地区，奥斯曼王朝、萨非王朝、莫卧儿王朝在16世纪后达到繁荣的巅峰。到了18世纪，各王朝的国内政治开始发生动摇，同时遭到外界的侵略。伊朗东部的纳迪尔沙汗不断强大，萨非王朝受到侵略而灭亡，莫卧儿王朝也分裂了（②）。奥斯曼王朝与壮大了的罗曼诺夫王朝和奥地利发生战争，领土逐渐遭到侵夺。

与此形成对照的是，欧洲各国因中央集权化和殖民地的扩大，势力变得强大了起来。由此，欧洲各国之间的势力斗争变得更加激烈了。已完成中央集权化的罗曼诺夫王朝、普鲁士、奥地利等新势力强大起来，为争夺奥地利王位爆发了战争。普鲁士与英国、奥地利与法国及俄罗斯联

在亚洲和大洋洲出现了殖民地。另一方面,在美洲大陆,则正在酝酿独立运动。

在北美的殖民地,对宗主国英国的不满情绪高涨

在印旛（fān,同"幡"）沼等日本各地开发新农田

法印战争（法国人与印第安人之战）英国与法国围绕北美殖民地的战争

英国的库克在澳大利亚登陆,开始殖民地化

合,战争席卷了整个欧洲。同一时期,英国和法国在海外激烈争夺殖民地。在印度,英国在与法国的战争中赢得了胜利,获得孟加拉地区（现在的孟加拉国）的统治权,成为亚洲被侵略、被殖民的开端。

另一方面,在北美大陆东海岸的英国殖民地,为了筹措对法国作战的费用提高了税收,导致殖民地民众的不满情绪高涨,成为美国独立运动的契机（④）。在法国,同样因为战争费用的负担,加大了百姓的不满,成为废除君主专制的市民革命（法国大革命）的契机。

东亚各国试图与动乱的西方国家保持距离。在中国,清朝将与西欧各国的贸易港口限制在广州,并禁止与国内商人直接交易。在乾隆皇帝的时代,经过数次军事远征,中国的疆域达到了最大（⑤）。

在日本,江户幕府也将贸易港口限制在长崎,集中精力重建国内政治和财政。由此,虽说发生过很大的饥荒和动乱,但逐步迎来了稳定的时代（⑥）。

1750年 前后的世界 社会结构

"新泛大陆"与开始变化的世界

① 澳大利亚大陆的殖民地移民

在澳大利亚大陆，澳大利亚原住民（Aborigine）的几个部落曾经生活在这里。这里的土地极度干燥，不适合农耕，所以，他们靠狩猎和采集生活。在相当长的一段时期里，由于澳大利亚大陆与其他大陆之间的交流不多，他们一直过着这样的生活。但是，1770年英国探险家詹姆斯·库克到达澳大利亚大陆后，擅自宣布东岸是英国的领地。此后，大量英国人移民而至，是澳大利亚原住民社会遭到破坏的历史原因。

② 世界上最大的钻石

这是世界上最大的钻石，重达108克拉，被誉为科依诺尔钻石（kohinoor，波斯语"光明之山"的意思）。纳迪尔国王取代萨非王朝，建立阿夫沙尔王朝（红头王朝），重新统一了伊朗高原。他攻陷了莫卧儿王朝的首都德里，夺走了这颗钻石。莫卧儿王朝从此一蹶不振，失去了权威，遭到了各种势力的侵略。但是纳迪尔沙自己仅仅在八年后就被暗杀。这颗钻石在此后辗转到了多个主人手里，据说哪个男人要是拥有这颗钻石，就会身败名裂。现在，这颗钻石装饰在英国伊丽莎白女王的王冠上。

③ 野心的目标

波兰拥有丰富的产粮区和煤炭矿山，对周围的国家来说是一块很有吸引力的土地。1772年，图谋扩大领土的俄罗斯、普鲁士、奥地利趁波兰内政混乱之机，分别获取了与本国相邻的土地。国王们争相掠夺领土的状态也被画成了讽刺画。波兰国王制定了宪法，试图重建王国。但是，波兰经历了先后三次瓜分，所有的领土已被掠夺殆尽，1795年，波兰灭亡。波兰再次恢复独立是在第一次世界大战之后了。

扑克也要收税?!

1765年，英国统治的北美殖民地增加了新的课税，即发行报纸、小册子等出版物和所有书籍时，都要花钱贴"印花"。令人意想不到的是，就连作为游戏的扑克牌也成了征收的对象。英国政府在各地与法国作战，陷入了财政困难的局面。为此，英国打算在殖民地通过征收新税的方法来弥补战争费用。对英国这种只顾本国利益、随心所欲的征税，殖民地的民众奋起反对，要求独立的呼声随之高涨了起来。

统一西藏、新疆

清朝在1750年攻下了西藏的拉萨，开始了对西藏的实质性统治。1759年又合并了准噶尔，命名为"新疆"。清朝采取了"因其教不易其俗"，借助当地上层人士维持统治的方针，西藏由西藏宗教领袖达赖喇嘛、新疆由有权势的伊斯兰教徒统治。因此，人们的宗教和习俗没有发生大的变化。清朝在这个时期形成的最大版图，几乎都被现在的中华人民共和国继承了下来。

开荒种地

江户幕府的老中（官职名，相当于大臣。——译者注）田沼意次，为了使幕府的财政达到盈余，试图通过鼓励经济活动，促进经济繁荣。为此，幕府采取了一系列政策，包括奖励一种称为"株仲间"（共持股份）的同行互助会，保护产业，进行开采矿山、开发虾夷地（北海道）和印幡沼（现在的千叶县）等大型事业，增加流通货币等等。此后，虽然经济好转，但也导致了物价上涨，在武士和平民百姓之间产生了贫富差距。另外，由于激进的改革，老中田沼在幕府里也树立了许多政敌，最终被赶下了老中的职位。

1750年 民众生活前后的世界

传统社会的变化

随着"新泛大陆"的形成，在非洲大陆、美洲大陆、澳大利亚大陆等地，人类原本在各个大陆上构筑的社会形态濒临崩溃。

非洲大陆自16世纪以来，许多成年男性被当作奴隶出口，人口比例失衡，对社会发展产生了深刻的影响。

在美洲大陆和澳大利亚大陆，西欧各国建立了殖民地，开始全面渗入这里的社会。而印第安人、澳大利亚原住民等社会遭到破坏，人口也急剧减少。

在西欧，基于基督教世界观的传统常识，通过理性、客观、合理地修正的"启蒙思想"得到传播（②）。启蒙思想不仅对神学、哲学、物理学等学术世界，也对君主的统治方式产生了巨大的影响。各国的君主受到这种思想的影响，试图基于合理主义的思想实行改革。在罗曼诺夫王朝、奥斯曼王朝等欧洲周围地区，也出现了努力吸收启蒙思想的君主。

与此相比，对于统治中国的清朝皇帝而言，如何管理

甘薯栽培在日本普及

在北美洲殖民地的人们

印第安人的抵抗

在巴西发现了钻石矿

与其他大陆之间的联系和新的思想，是如何改变传统社会的呢？

占人口大部分的汉族人是一个重要的课题。为此，皇帝非常重视汉文化，他学习汉文、儒学等汉人的文化教养，收集古今优秀的书籍，编撰了《四库全书》。但是，批判清朝的内容被严格删削，不利于统治的书籍也不予收录。

这个时期，世界各地的粮食状况有所好转，人口多了起来。例如，在英国，18世纪前叶农业技术的革新，对社会的变化产生了影响。在实行了"轮作"的栽培方法，改良了家畜的品种后，培养出了质量更好的作物和品种。播种机和锄等农具改良后，农业生产的效率也提高了。

中国和日本都奖励种植甘薯、玉米等原产美洲大陆的食品，为改善粮食供应做出了贡献（⑤⑥）。

1750年前后的世界 民众生活

传统社会的变化

① 奴隶贸易

在非洲大陆的西海岸,许多成年男性被当作奴隶出口。印第安人因为遭到西班牙的侵略和传染病的影响,人口急剧减少。这些奴隶作为替代印第安人的劳动力,被卖到美洲大陆的大农场和矿山。奴隶的境遇非常悲惨,他们被塞进了人挤人的奴隶船。(最挤时每人的空间竟然只有80厘米×18厘米!)据说在3~9个月恶劣环境下的船运过程中,每3个人中就有1人死亡。非洲社会在此期间失去了众多健康的男性劳动力,原来的社会结构遭到了彻底破坏。

② 众议的力量

在欧洲城市的贵族和资产阶级(城市的中产阶层)之间,经常就政治、学术、艺术等话题进行自由讨论。讨论或者是在咖啡厅进行,或者是贵族们在家里招待文化人士和学者,举办"沙龙"形式的社交聚会。在气氛热烈的讨论中形成的"公论(众人的意见)",不久对整个社会也产生了影响。另外,主办沙龙的也有很多是女性,如此一来,传统上以男性为中心的政治、艺术等领域也出现了女性活跃的身影。

③ 剃须西欧化

为俄罗斯帝国打下基础的彼得一世尝试吸收启蒙思想。他以欧洲各国为榜样,在急速推行的改革过程中,吸收了各种欧洲的风俗。例如,法国等视体上无毛为常识,彼得一世就根据这个风俗,命令此前视蓄须为荣的俄国贵族们将胡须剃掉,对拒不遵守命令的人征收"胡须税"。尽管胡须税的金额相当高,但对俄罗斯男性来说,胡须是一种重要象征,因此付钱留须的人也为数不少。

如郁金香般华丽 ④

18世纪上半叶的奥斯曼王朝，以丧失领土为代价，迎来了所谓的"郁金香时代"的和平。在这段没有战争的时期里，从城墙、水路等公共设施，到贵族们精致的庄园别墅，出现了各种建筑的建设高峰。国王在游玩的地方建造了好几座行宫，用从欧洲出口转内销的、广为流行的郁金香装饰在庭院里，每晚举办盛大的宴会。这个时代向法国派出了使节，使节写的报告书在奥斯曼王朝唤起了对欧洲文化的关注。

华人的足迹 ⑤

中国在这个时期玉米和土豆的生产扩大，人口开始急剧增加。在耕地较少的中国南部沿海地区，因无法维持增加的人口，移居到东南亚的人开始增多。1757年，与外国的贸易港受到限定，民众的出国也受到了限制，但是暗地偷渡的情况时有发生。在海外的华人中，既有与当地政权建立关系的，也有成为当地统治者的。19世纪，华人也进入了美国和澳大利亚，在各地形成了独自的社区。世界各地的中华街就是这种社区的延续。

甘薯栽培奖励 ⑥

这个时期的日本发生过好几次大饥荒，很多人因饥馑而丧生了。拯救人们性命的是甘薯。甘薯原产北美大陆，耐旱耐寒，经由菲律宾、琉球（今冲绳），在1700年左右传入萨摩藩（今鹿儿岛县），在日本西部得到普及。即便是歉收年，也有些地方靠吃甘薯而没饿死人。为此，江户幕府在日本东部也奖励种植甘薯。因此，1780年代发生天明大饥荒时，日本东部的很多人得以免于饥荒。

图书在版编目(CIP)数据

海陆相连的世界/(日)佐治奈通子撰文;(日)竹永绘里绘画;张厚泉译.
—上海:复旦大学出版社,2018.6
(全景世界史)
ISBN 978-7-309-13701-9

Ⅰ.海… Ⅱ.①佐…②竹…③张… Ⅲ.世界史-青少年读物
Ⅳ.K109

中国版本图书馆 CIP 数据核字(2018)第 105721 号

Wagiri de Mieru! Panorama Sekaishi 3. Umi wo Koete Tsunagaru Sekai
Supervised by Masashi Haneda, text by Natsuko Saji, illustrated by Eri Takenaga
Copyright© 2016 by Masashi Haneda, Natsuko Saji and Eri Takenaga
First published in Japan in 2016 by Otsuki Shoten Co., Ltd.
Simplified Chinese translation rights arranged with Otsuki Shoten Co., Ltd.
through Japan Foreign-Rights Centre/ Bardon-Chinese Media Agency
上海市版权局著作权合同登记图字:09-2017-228 号

图书在版编目(CIP)数据

全景世界史/(日)羽田正总主编;张厚泉译.
—上海:复旦大学出版社,2018.6
ISBN 978-7-309-13701-9

Ⅰ.全… Ⅱ.①羽…②张… Ⅲ.世界史-通俗读物 Ⅳ.K109

中国版本图书馆 CIP 数据核字(2018)第110053号

全景世界史
[日]羽田正 总主编 张厚泉 译
责任编辑/吴 湛

复旦大学出版社有限公司出版发行
上海市国权路579号 邮编:200433
网址:fupnet@fudanpress.com http://www.fudanpress.com
门市零售:86-21-65642857 团体订购:86-21-65118853
外埠邮购:86-21-65109143 出版部电话:86-21-65642845
上海中华商务联合印刷有限公司

开本890×1240 1/16 印张14.75 字数678千
2018年6月第1版第1次印刷

ISBN 978-7-309-13701-9/K·660
定价:248元

如有印装质量问题,请向复旦大学出版社有限公司出版部调换。
版权所有 侵权必究

横切·纵览·俯瞰！ 全5卷

全景世界史

❶ 世界史伊始
❷ 多样化的世界
❸ 海陆相连的世界
❹ 开始巨变的世界
❺ 变化不息的世界

总主编 羽田正

　　1953年生，东京大学东洋文化研究所教授（世界史·比较历史学）。主要著作有《伊斯兰世界的创造》（东京大学出版会）、《新世界史的建构》（岩波新书）等。不拘泥于国民国家或欧洲对亚洲的这种框架，提倡新的世界史＝全球史的叙述，致力于与各国历史学者之间的合作研究。

撰文 佐治奈通子

　　1985年生，东京大学大学院综合文化研究科博士课程（亚洲文化研究）。

绘画 竹永绘里

　　1981年生，插图画家。多摩美术大学信息设计系毕业。著有《成人可爱巴黎20区向导》（大和书房）、《彩色铅笔简单绘画 满满的可爱生命》（日本文艺社）等。

翻译 张厚泉

　　1963年生，东华大学教授，学术博士。主编《新版中日交流标准日本语电视讲座》、十一五、十二五国家规划教材，参编《日中辞典 第三版》（小学馆）等。东京大学东洋文化研究所访问研究员、中国翻译协会专家会员、上海翻译家协会会员。

横切·纵览·俯瞰!
全景世界史 4

开始巨变的世界

总主编 [日] 羽田正
撰文 [日] 后藤绘美 [日] 鹈饲敦子
绘画 [日] 落合惠子　翻译 张厚泉

复旦大學出版社

本卷所叙述的年代范围，从19世纪起至20世纪初止。
这段时期，地球上发生了许许多多与社会结构和民众生活相关的各种"革命"，
其结果是，势力增强的一些国家在世界各地产生了很大的影响力。
蒸汽机车和蒸汽船在陆地上飞驰，在大海上航行。不仅仅是人的移动，
原材料、商品，还有知识和信息，都在全世界错综交织地移动。
电灯发明之后，夜晚的街道和家里变亮了。
电话、汽车、冰箱等，即使对于身处现代的我们而言，
仍是不可或缺的产品，已经在这个时期一个接着一个地发明了出来。

在此期间，强国与其他国家之间的落差逐渐扩大了。
另外，一部分人在工业化中获得了财富，成了资本家，
与此同时，在恶劣条件下不得不连续工作的劳动者也在增加。
世界性的战争爆发后，随之而来的是风起云涌的民族运动。

在第四卷里，我们将这个时期"横切"成四个时代：
各地革命此起彼伏的1800年前后，
形成国民国家观念的1850年前后，
各国列强入侵世界各地、扩大殖民地的
"帝国主义"强盛的1880年前后，
战争、流行性感冒在世界范围内肆虐的1918年前后。
在世界向一个方向
开始发生巨变的时代里，
各地都发生了些什么？
我们所生活的现代
是如何逐步形成的？
带着这些思考，让我们一起翻开书看看。

公元前3000年

本丛书所使用的年代

本书在表示历史上所发生的事情的年代时，
使用阳历（公历）。
因时代和地区不同，世界上有各种各样的日历。但是，
当今，世界通用的日历是16世纪在欧洲确立的公历。
这种日历是以耶稣基督诞生的那一年作为1年的。
（但现在一般认为，耶稣的诞生要更早些。）
表示比公历1年更早时，用"公元前某年"表达。
如果说公元前100年，即指从公元1年倒数的第100年。
所谓"世纪"，是表示100年为单位的时代的词语。
自公元1年起至100年止是1世纪，自101年起至200年止是2世纪……以此类推。
自1901年起至2000年止是20世纪，自2001年起至2100年止是21世纪。
公元之前的时代，同样可用"公元前某世纪"表示。

公元前5000年

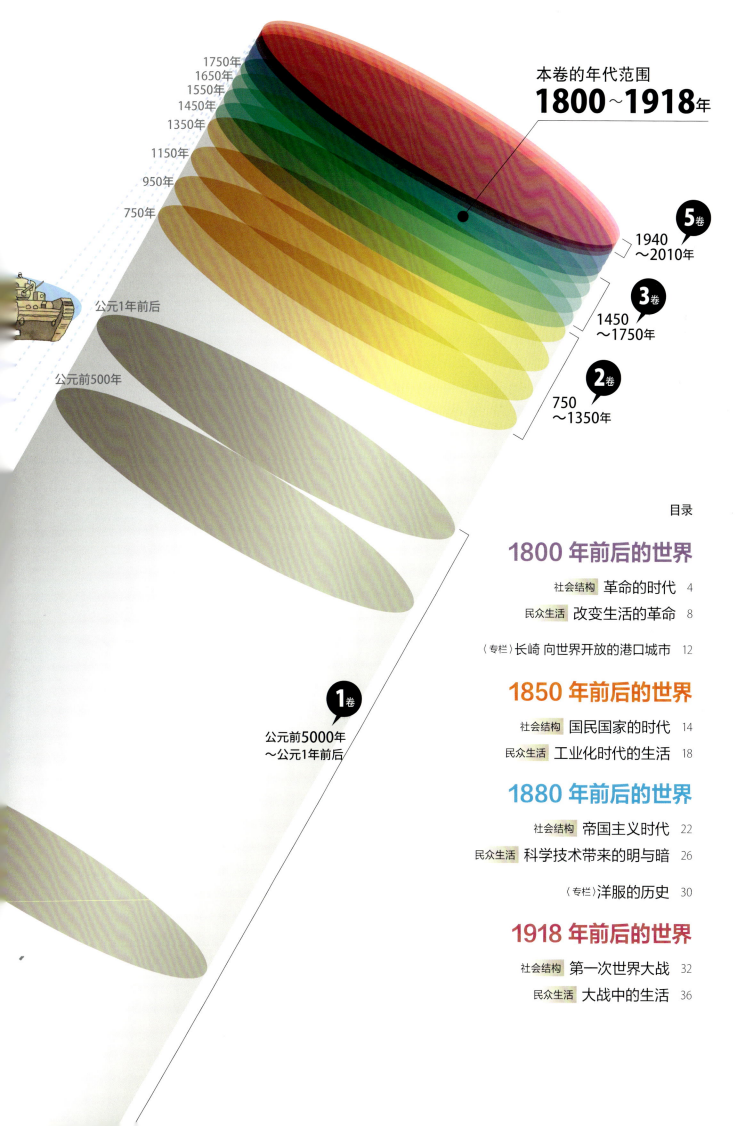

本卷的年代范围
1800~1918年

5卷 1940~2010年

3卷 1450~1750年

2卷 750~1350年

1卷 公元前5000年~公元1年前后

目录

1800 年前后的世界

- 社会结构 革命的时代　4
- 民众生活 改变生活的革命　8
- 〈专栏〉长崎 向世界开放的港口城市　12

1850 年前后的世界

- 社会结构 国民国家的时代　14
- 民众生活 工业化时代的生活　18

1880 年前后的世界

- 社会结构 帝国主义时代　22
- 民众生活 科学技术带来的明与暗　26
- 〈专栏〉洋服的历史　30

1918 年前后的世界

- 社会结构 第一次世界大战　32
- 民众生活 大战中的生活　36

1800年前后的世界

社会结构

- 为获得宗教自由天主教信徒叛乱（爱尔兰）
- 指挥墨西哥独立运动的祭司伊达尔戈
- 美利坚合众国的首任总统华盛顿
- 法国英雄拿破仑
- 海地从法国独立
- 拿破仑的远征军撤退后掌控埃及的穆罕默德·阿里
- 卡美哈梅哈国王统一夏威夷诸岛（1810年）
- 玻利瓦尔领导独立战争脱离西班牙
- 乌拉圭建国之父阿蒂加斯及旗帜
- 加纳的阿散蒂王国开始昌

革命的时代

18世纪末，在北美洲大陆的东海岸，英国统治下的13个殖民地团结一致、奋起反抗。他们经过与宗主国的战斗，取得了独立的胜利，成立了"美利坚合众国"（①）。生活在水深火热之中、遭受不公平对待的殖民地的人们，为了追求自由，创建了自己的新的国家。消息一经传出，激发出了世界各地民众改变自身不公平待遇的意识。

在法国，身份制度带来的不平等和经济恶化，引发了民众的不满。法国曾试图用由贵族等组成的国民议会代替国王，改革政治。但民众的不满非但没有得到平息，反而发生了大暴动，直接废除了封建王权（法国大革命）。在1791年法国颁布的第一个宪法中这样写道："人生来就是自由的，在权利上人人平等。"（②）

海地曾经是法国殖民地，以出生在海地殖民地的欧洲人、欧洲人和原住民之间的混血儿为主导，发起了要求独立的运动（④）。在西班牙统治下的南美城市布宜诺斯艾利斯，也发生了大规模的反西班牙运动。起初的目标只是从殖民地状态下独立出来，但不久，那些被视为比欧洲血统地位低的原住民和奴隶也提出了诉求，发展成废除身份

等级制度、实现自由与平等的运动。

在各地发生的抵抗运动中取得成功、改变了社会结构的，后来被称为"革命"。反之，被政府镇压的，则被称为"叛乱"和"暴动"。其中，也有不少运动对社会结构和民众意识的变化产生了影响。

这个时期的夏威夷群岛，作为往返于太平洋贸易船的中途停靠港，是很重要的地方。1810年，卡美哈梅哈国王统一了各个岛屿，建立了夏威夷王国。在东南亚的越南，阮福映在法国传教士的帮助下，建立了越南阮朝。从18世纪欧洲人刚开始往澳洲大陆殖民地移民时起，这里就是英国流放囚犯的殖民地，在本国受到刑罚的人被流放到这里。

江户时代的日本，除了荷兰、清朝、朝鲜等国之外，限制与外国来往。从这时起，俄罗斯、英国、美国的船只经常开来，要求贸易和交流，但是，都被江户幕府一一拒绝了（⑥）。

1800年 前后的世界 社会结构

革命的时代

① 美利坚合众国的诞生（1776年）

在北美洲大陆的东部，有13个州是英国的殖民地。生活在那里的民众对英国征收的高额税金和不利条件下的贸易感到不满。为此，13个州的代表聚集在一起协商，联合起来，宣布从英国独立，并与拒绝承认独立的英国之间发生了战争，结果，13个州的一方取得了胜利。各州代表聚在一起成立了联邦议会，颁布了宪法，美利坚合众国诞生了。1800年前后，华盛顿特区作为首都，开始发挥其各项功能。

② 继续"革命"的法国

在法国，通过要求解放身份制度和商业活动自由的运动，废除了长期以来的封建王权（由国王统治），实现了共和制（由人民统治）。虽然成立了国会、制定了宪法，但政治并未稳定。1799年，部分政治家和军人联手发动了军事政变（用军事力量夺取政权）。当时，掌握实权的是拿破仑·波拿巴。此前一直活跃在军队的拿破仑，得到了国民空前绝后的支持和信赖，1804年，拿破仑自称皇帝，宣布实施帝政（由皇帝统治）。

③ 英雄的战斗

拿破仑为了扩大领土，开始了国外远征，向竞争对手英国的印度贸易中转地埃及派出了军队。当时统治埃及的奥斯曼帝国也派出了军队，于是，法军和奥斯曼军在埃及开战了。在那里崭露头角的是马其顿地区（今属希腊）出身的穆罕默德·阿里，他和利益一致的英国军队联手，用了3个月的时间打退了法国军队。因此，1805年，他被任命为奥斯曼帝国治下的埃及总督（地方长官）。

我们也要自由！

位于加勒比海的法国殖民地圣多明各，其糖业产量占当时世界总产量的40%。居住在那里的有来自出生于欧洲各国的人（白人）、从非洲带来的奴隶，以及欧洲裔和非洲裔的混血儿（白黑混血儿）。法国本土发生了要求人类自由与平等的革命后，圣多明各的白黑混血儿也发起了要求建立独立的、与白人平等的国家的抵抗运动。加上非洲裔的奴隶解放运动，"自由共和国"海地诞生了。

平定叛乱后的清朝

清朝有一个称作白莲教的组织。他们坚决反抗清朝的统治以及等级森严的不公正的社会制度。很多农民和百姓对他们提出的"打倒财主，拯救穷人"的口号产生共鸣，或支持白莲教徒，或加入他们的活动。清政府派出军队对叛乱实施了血腥的镇压，但是，镇压花了很长时间。这场动乱成为清朝陷入财政困难、国力衰退的原因之一。

徒步测量日本国土

江户幕府禁止民众出国，对与外国的交流和贸易实行了严格的管理。1800年前后，俄罗斯、英国、美国的船只为了与日本通商，来到了日本沿海。特别是俄罗斯将领土扩大到西伯利亚后，与日本成为邻国，多次要求建立通商关系，但均被幕府严词拒绝。面临外部的干涉，"日本"——这一国家意识日益增强。在这种环境下，伊能忠敬前后花了17年的时间，徒步走遍全国进行测量，完成了第一部实测日本地图《大日本沿海舆地全图》。

1800年 民众生活前后的世界

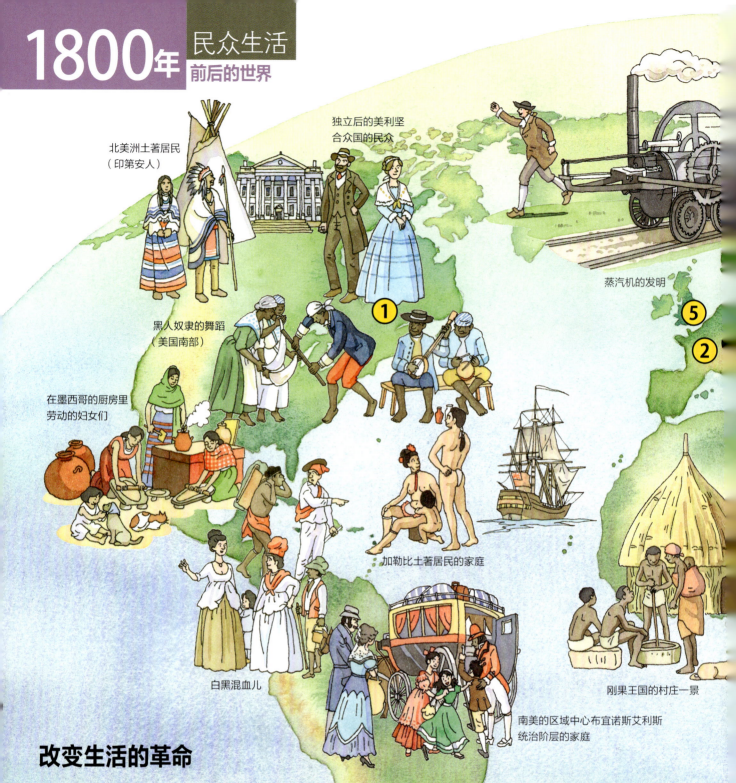

改变生活的革命

英国从18世纪至19世纪爆发了一场重要革命，极大地改变了世界民众的生活，那就是"工业革命"（机械化）。1800年左右，发生了两件特别重要的事情。一是纺织业的发展。纺织机（纺纱的机器）和织布机（织布的机器）出现了，不需要太多人手就可以纺织出高质量的纱和布，并且还不断地对机器加以改良。因此，可以一次性大量生产出高质量的棉布。二是蒸汽机的进步。人类很早就知道了如何利用蒸汽的力量使机器运转的原理，但是，真正把它应用于工业，是从这个时候才开始的。当时工业用的蒸汽机是利用燃煤的锅炉运转的，最初的蒸汽机很庞大，后经改良逐渐小型化，使用在各种各样的机器上。1804年，蒸汽机车第一次在陆地上行驶。1809年，蒸汽船实现了首次航行（⑤）。

机械化和产业化极大地改变了欧洲一些地区及其殖民地民众的生活。日常吃的食物和日用品，大都可以在店里和工厂里生产了。例如，面包之前是在家里烤的食品，但

是现在都在面包店购买了（③）。由于交通工具的发达，即便是在远隔大西洋的美洲大陆东海岸，也很容易获得英国和法国的物资。在费城、华盛顿特区等美国中心城市，建筑与街道也宛如西欧城市一样的风貌。

部分地区发生了如此急剧的变化。但另一方面，也有许多地区一直以来生活没有什么改变。同样是美洲大陆，北部和中西部的原住民住在用水牛皮做的帐篷里。在墨西哥的厨房里，妇女们每天忙着做玉米粉的糕饼。在埃及开罗狭窄的街道两旁，石筑清真寺和学校鳞次栉比。手工艺品市场人流如织，热闹非凡。

被当作奴隶从非洲大陆运往欧洲和北美的人们，因受到歧视和贫困过着悲惨的生活，不过偶尔也会通过庆祝节日，在唱歌跳舞中寻找一些生活的乐趣。在美洲中部和南部，根据是否有欧洲血缘来区别身份，生活方式也因此有很大的不同。

1800年 前后的世界 民众生活

改变生活的革命

1 多元文化共存的美国

宾夕法尼亚州的费城是美国独立战争的中心城市之一,1791年,在这里成立了作为美国全国货币流通中心的中央银行。被称为"合众国银行"的崭新建筑物,即便是在大厦林立的街道上,也尤为引人注目。同一时期,在美洲大陆的北部和中西部,土著居民(印第安人)在移动式的住所里生活。那是用水牛皮等系在木桩上做成的帐篷,既有仅容几个人住的小帐篷,也有可供几个家庭居住的大帐篷。

2 革命与流行

随着英国纺织业技术的突飞猛进,既白又轻的棉布不仅在欧洲,也在世界各地上市了。在爆发了革命的法国,废除了严格的等级制度,形成了尊重人类自由与平等的社会氛围。女性也放弃了之前华丽的丝绸礼服和夸张的发型,取而代之的是朴素的棉布裙子和自然的发型。这种风格因受到了拿破仑的皇妃约瑟芬的喜爱,被称为"帝政格调"。

3 买面包店的面包吃吧

生活在阿尔卑斯山脉北部的德国地区的民众,每天的主食是面包和面条(意大利面)、土豆等。加上豆类,以保持营养平衡。他们很少能吃到鱼、肉、鸡蛋等,也不吃生的蔬菜。1800年左右,随着面粉加工技术的进步,发明了大型面包烤炉,面包成了由专门的生产商大量制造、销售的东西。在此之前,人们都是在自己家里揉面烤面包的。现在,人们大多都去店里买了。店里做的面包种类丰富,味道也更好吃。

非洲的王国

在非洲中西部，这时期有一个叫刚果的王国。这里自16世纪以来一直是葡萄牙的势力范围，是向欧洲和美洲大陆运送奴隶的贸易中心。当地的中介人掌控着奴隶贸易，据说每年用船运走1万5千人。被当作奴隶的，是战争中的俘虏和贫苦人家的人。作为报酬，中介人收取欧美制的衣服和物品。直到19世纪初欧美各国禁止奴隶贸易为止，奴隶出口一直是非洲中部地区的主要产业。

蒸汽机车的发明

作为煤矿工头的儿子，特里维希克出生在英国南部一个以钢铁业为主的乡镇。虽然小时候在学校的成绩不太好，但他跟着父亲去煤矿，很喜欢看将水从深深的坑道里吸上来的蒸汽机。成为煤矿工程师后，他自己动手研发了高压蒸汽机，并用该技术造出了世界上第一辆蒸汽机车"潘尼达伦号"。蒸汽机车后来经过了改良，同时铁路网也发达了起来。随着铁路的诞生，人员和物资得以更便宜、更快捷地运送了。

防洪喜获大丰收

日本的河内大和川流域现在属于大阪府的一部分，当时为了防止河流泛滥发生水灾，需要经常修筑水利工程。有一次，在新修筑好的耕地上栽培了棉花之后，由于土质、地势、气候都适合棉花的生长，获得了大丰收。此后，河内就成了日本屈指可数的、著名的棉花产地，享誉日本。用河内生产的短纤维棉织出的布料厚实耐用，广泛用于普通老百姓的日常服装、门帘、旗帜、被褥等，风靡日本各地。

川原庆贺 "长崎港图"
神户市立博物馆藏 图：神户市立博物馆/DNPartcom

〈专栏〉

长崎 向世界开放的港口城市

舟船穿行如梭的这个时代，
伦敦、新加坡、广州、
旧金山等各地的港口城市得到发展。
在日本，与海外的贸易受到限制，
长崎是唯一向外国开放的港口城市。
但是，世界巨大变化的浪潮也抵近了这个城市。

出岛与唐人屋

上图是19世纪初画家川原庆贺画的长崎港。明镜般的水面上，漂浮着一艘大船，那是荷兰船。在它的左上方画着几艘形状不同的船，这些是唐船，来自清朝统治下的中国。从17世纪中叶起的一百五十多年间，荷兰船和唐船几乎每年都来到这个港口，与日本商人进行交易。

在房屋鳞次栉比的长崎上方，画着一个扇形的岛屿。这就是荷兰商馆的所在地——出岛。再往左边，山坡的斜面上，用围墙围起来的地方，是唐船随行人员住的唐人街。来到长崎的外国人，可以在这个居留区域短暂停留一段时间，但如果没有特别的理由，是不允许从这里出去的。另外，一般的

渡边秀石（传）《长崎兰馆图卷》中画的商馆。除了荷兰人以外，还可以看到印度尼西亚等国的佣人和雇工或在演奏乐器或在打羽毛球
神户市立博物馆藏
图：神户市立博物馆/DNPartcom

神户市立博物馆所藏 Photo：Kobe City Museum / DNPartcom

日本人不允许进入居留区。荷兰商馆的馆长每年要去一次江户拜见幕府的将军，每到那个时候，很多人为了想亲眼见一下外国人，都涌到街上围观，格外热闹。

江户时代的日本，外国人和日本人是被严格区分开的。严格限制人员出入，明确区分自己人和外来人，这或许是四面环海的岛国才有的特征。因此，在日本列岛的民众之间，不知不觉地产生了"日本人"的共识。后来，近代欧洲的"国民"概念传入了日本，而接受"国民"概念的基础，可以说在江户时代就已经形成了。

长崎贸易中的商品

即使有各种各样的限制和规定，荷兰船和唐船之所以还是每年都要来到日本，是因为与日本的贸易有很大的利益可图。外国商人最想得到的是白银。其次，从17世纪后半叶起，幕府限制了白银的出口量之后，目标转向了铜。日本产的白银和铜，在中国大陆和南亚各地都很受欢迎。用这些金属换来当地的商品，再将商品卖到日本去，就可以卖出高价。

那么，日本人通过与海外的贸易，想要得到什么物资呢？荷兰语和汉语的书籍、海外信息等另当别论，在19世纪以前，日本人通过海外贸易想得到的大多是亚洲各地的物产。荷兰船和唐船在亚洲各地采购货物后，将这些货物运往长崎。比如，中国大陆的生丝、丝绸织物、陶瓷、东南亚的砂糖、染料、香料和药材、鹿皮，以及南亚的棉织品等。随着时代变化，商品种类会稍有差异。虽然也有奢侈品，但大多数是人们日常生活中不可或缺的东西。这些商品为什么受欢迎？都用在哪些地方？请大家想一想。

长崎"费同号（Phaeton）事件"

1808年10月，一艘西洋船驶入了长崎港，出岛商馆的2名荷兰人想当然地认为那是荷兰船。当这两人乘坐小船去迎接时，那艘船突然挂上了英国的旗帜，并抓捕了这两个人，为此在长崎引起了轩然大波。在当时的欧洲，拿破仑征服了荷兰，并派自己的弟弟当了荷兰国王。成为法国附属国的荷兰，对于与法国作战的英国来说是敌对国。因此，英国舰队和荷兰（法国）舰队正在东南亚各地反复角逐。出现在长崎的英国船，正是为了追逐荷兰船而来的。

已经习惯了数百年和平贸易的长崎，没有足够的兵力抵御英国船。无奈之下，只能按照英国船提出的要求送上水和食物，英国船这才放了两名荷兰人质，缓缓驶出了长崎港。对未经许可就驶入港口的外国船，不但无法进行调查，还按照对方的要求提供物资，将它放走，这不得不说是日本方面的莫大耻辱。为此，镇守长崎的"奉行"官当天就引咎切腹自杀了。

被称为"费同号事件"的这一事件显示，由工业革命引发的、撼动世界的巨浪也抵近了日本列岛。不久，迎来了欧美各国、俄罗斯、清朝等许多外国人大摇大摆地走在长崎街头的时代。现在我们再来重新审视的话，这张长崎港的画所表现的似乎是暴风雨来临之前的寂静。

在现代的长崎，出岛被复原为19世纪初的模样。包括唐人街遗址在内，还保留着许多与世界历史有关的建筑、遗迹、纪念碑等。大家在漫步长崎街道时，可以想象这些画中描绘的当时的日本和世界，尽情享受其中的乐趣。

（撰文　羽田正）

渡边秀诠在《长崎唐馆贸易图卷》中画的唐人街。画有开宴会的和正在画水墨画的中国人等。

复原的出岛商馆（左边画中出现的建筑物）

1850年 社会结构前后的世界

国民国家的时代

这时的西欧地区,"国"的单位比以往任何时候都具有更大的意义。

在现代社会,我们大多数人都会理所当然地认为自己是属于某个国家的"国民"。比如,"我是日本人","他是法国人"。自己是某一个村子里的居民,或者我们是从事农耕的伙伴,与邻村打鱼的人是不同的群体等,这种自己属于某个群体的想法(归属感),自古以来在世界各地都能找到类似的例子。同一个群体的人紧密团结、荣辱与共的认识,在任何时代都大致相同。但是,到了1850年左右,不再是像村庄那样的小规模,而是以更大的"国"为单位整合、凝聚在一起的趋势变得明显了。

国与国之间的界限明确划分开来,居住在国境内的民众开始被认为是相同的"国民"。在一个国家里有独特的文化,在那里生活的"国民"被认为是使用相同语言的、拥有共同历史的群体。由此召开了展示和介绍各国文化的万国(世界)博览会(①)。

另外,国家内部事务的决定权由统治该国的阶层掌握,其他国家不能干涉。这种想法被称为"国民国家",现代

这个时期，在民众之间，开始萌生出了"国民"意识。

俄罗斯船与普嘉琴

淘金热
在加州发现金矿
涌入大量移民

在美国的大庄园里
被迫从事奴隶劳动的人

夏威夷国王卡美哈梅哈四世
是用英语接受教育的

美国与墨西哥的战争（1846—1848年）
围绕南部的得克萨斯作战

澳大利亚
发现金矿

这个时期
取得独立的
南美国家

委内瑞拉
巴西
哥伦比亚
厄瓜多尔
秘鲁
巴拉圭
玻利维亚
智利
阿根廷

这种被视为国家之间理所当然的基本关系，也是这个时期在西欧逐渐形成的。

但是，当时的"国民国家"的想法，只是欧洲、美国等国家之间的共同认识。英国和法国等西欧国家虽然认为国家之间不能相互干涉，但另一方面，在亚洲和非洲各地，又试图强行推行他们的价值和规则（②）。

江户时代的日本在相当长一段时期里，只与特定的国家交流。也是在这个时期，佩里率领的巨大黑船开到了日本沿海（⑥）。在西欧的价值和规则影响力日益增强的状况下，亚洲和非洲也逐渐意识到了"国家"的概念。

1850年 前后的世界 社会结构
国民国家的时代

1 世界各国齐聚英伦

1851年英国伦敦举办了"万国博览会"。在此之前,虽然在各地都举办过各种珍稀物品和绚丽物品的博览会,但是这种国际性的展览会还是第一次。在使用了最新技术、用玻璃和铁材料建成的"水晶宫"建筑里,各个国家的展示区一个挨着一个。与日本有交流的荷兰商会,还展示了日本的屏风。汇集了世界各地的产品和最新技术的国际博览会,无疑让来自世界各国的游客产生了一种仿佛自己置身于世界中心的感觉。

2 加快殖民地化

这个时期的印度,由英国政府主导的"英国东印度公司"具有很强的影响力。虽说是公司,但既征缴税金,又拥有军队,其实就像一个国家。在英国工厂生产的廉价棉制品大量进入印度后,印度的棉纺工业遭到了巨大的打击。地主、农民、手工业者,不同阶层和宗教的人们团结起来,共同向东印度公司提出抗议,引发了全国性的民族大起义。英国政府介入并镇压了起义运动,此后在英国政府的主导下,加速了印度的殖民地化。

3 缩小的国家,新生的国家

16世纪,奥斯曼帝国统治着从西亚到东欧、北非的辽阔地区。但是,从17世纪末开始,奥斯曼帝国遭到了来自俄罗斯和奥地利等势力的侵蚀,领土逐渐缩小了。加上帝国内部受到了西欧日益高涨的"国民"意识的影响,各地兴起了民族自决、争取独立自治的运动。以希腊独立(1830年)为开端,在奥斯曼帝国的领土范围内诞生了很多新的"国家"。

淘金潮移民

为了脱离贫困的生活,一些人离开故土,远走他乡。1848年和1851年,在美国西海岸的加利福尼亚和澳大利亚分别发现了大金矿,众多淘金者梦想挖到埋藏在地下的金银宝藏,从世界各地蜂拥而至。在被称为"淘金潮移民"的人群中,成为有钱人的屈指可数。据说最赚钱的,是在金矿上卖铁锹的人。尽管如此,为了梦想而不远万里来到这里的人,并没有回到原来的家乡,而是在各自的新天地里开始了新的生活。

建立新的国家

在中国,洪秀全借用基督教的思想自称天王,发动了反抗清朝的起义。他宣称要在地上创立天堂,并于1851年宣布成立了"太平天国"。之后太平军不断发展壮大,1853年占领了南京并在此建都。但是,由于无法超越传统价值观的局限性,他们难以实现起义的目标。不久,太平天国内部就产生了矛盾纠纷,在清朝统治下的各地民间义勇队、强大的外国雇佣兵的进攻下,太平天国运动惨遭失败。

从未见过的大船来了

1853年在日本浦贺的洋面上,出现了4艘大型黑船。那是美国海军准将佩里率领的舰队。佩里向江户幕府代表递交了美国总统亲笔署名的国书,转达了希望利用日本的港口,为捕鲸船和开往上海的船只补给燃料、食物和水的意愿。江户的老百姓见到出现在海上的大船,无不恐慌震惊。当时,甚至出现了借用高级绿茶"上喜撰"(日语的"蒸汽船"和"上喜撰"发音相同)的打油诗。"上喜撰茗茶瞬间驱散朦胧睡意,只需四杯(艘)就彻夜难眠。"第二年,幕府签订了《日美和亲条约》,开放了下田(静冈县)和函馆(北海道)两个港口。

1850年 民众生活前后的世界

① 在世界上第一家百货商店"乐蓬马歇"购物
莫斯科与圣彼得堡之间开通了铁路
购物者人头攒动的波斯市场
租界街景
在窗边乘凉的开罗富裕阶层的妇女
英军中的印度士兵（在印度）
⑤
蒸汽船
④ 荷兰的殖民地巴达维亚在商馆进行交易的咖啡豆和橡胶

工业化时代的生活

　　这个时期，工业革命使机械化日新月异，给更广大区域的民众生活带来了变化。在西欧和美国，人口从地方流入城市，城市变得越来越大。在工厂里从事体力劳动的人们不得不在恶劣的环境中生活。另一方面，也出现了经营工厂或从事国内外贸易的富人群体。贫富之间的差距越来越大。从"国家"的角度观察，西欧各国及美国在经济的富裕程度和军事力量方面，与其他国家之间产生了很大的差距。英国和法国以其经济实力和军事实力为后盾，进军南亚、东南亚、非洲等地区，或扩大殖民地，或向清朝要求开放上海等港口，在那里以"租界"的名义建立特别居住区，开展贸易，并继续扩张，谋求更大的利益（⑤）。

　　随着火车和汽船的投入使用，原料和商品开始遍布世界各地，形成了将世界各地出产的原料运往西欧和美国的工业地区，在那里制成价廉物美的工业产品后，再大量运往各地并销售的模式。技术和交通方式发达后，在此之前不太能够轻易到手的商品，也可以在百货店等地方看到或

随着技术的进步，许多人或物资在世界各地流通往来。

美国捕鲸船

奔赴西部的开拓者

满载从欧洲到美国的移民的船只

在淘金热中移民的人

美国南部的南卡罗来纳州的一家人

在江户的吴用服装店缝制和服的妇女

遍布澳大利亚大陆的绵羊

智利广场熙熙攘攘的人群

购买到（①）。

远离欧洲和美国的日本，也已经受到了这种影响。例如，用埃及产的棉花，在英国曼彻斯特的工厂生产出带有南印度图案的棉织品，由荷兰船运到日本，在江户的和服店定制成和服……这并非不可以想象的情况。

随着汽船的发达，人们可以不受季节限制地进行长途移动。在欧洲和中国大陆发生饥荒时，许多移民都抱着过上美好生活的梦想乘上轮船，前往发现了金矿的美国和澳大利亚。从南亚、东南亚前往阿拉伯半岛上的伊斯兰教圣地麦加朝圣的人数，也在这个时代急剧增加。陆地铁路网的发达，使到达远处的时间一下子缩短了。对于使用这些交通工具在世界范围内移动的人来说，与之前相比，可能会产生一种地球变小了的感觉。

1850年 前后的世界 民众生活
工业化时代的生活

1 明码标价

1852年，被视为世界最早营业的百货公司"乐蓬马歇"在法国巴黎开业。在此之前，人们在市场上是物物交换，先谈好价钱后再进行买卖。但是在百货商店，商品明码标价。虽然顾客仅限于有钱人，但是从全世界采购来的东西，谁都能以同样的价格买到，以前是没有这种设施的。在那里还可以同时买到印度红茶和用来喝茶的茶壶、餐具等。陶瓷除了欧洲的产品之外，中国和日本生产的也很受欢迎。

2 穿不破的衣服

为了淘金，许多人背井离乡加入了"淘金潮"。在金矿工作的劳工之间流行的，是穿牛仔服和喝橙汁。结实而不易磨损的牛仔布料，对于每天沾满泥浆、从事重体力劳动的淘金者来说是必不可少的。在美国加利福尼亚州，有很多往山区的金矿运送物资的货物列车。列车卸完物资后，又将附近收获的橙子大量装运回来。据说，早餐喝橙汁的习惯就是从这个时候开始的。

3 绵羊改变一切

绵羊原本并不是澳大利亚大陆的动物。绵羊是19世纪初来自英国的殖民地移民带到新南威尔士来的。不久，人们在辽阔的大地上种植了牧草，还将绵羊改良成适宜于当地气候环境的品种。澳大利亚产的羊毛质量在国外受到好评，在英国也很受欢迎。据说，1850年前后只有50万人的澳大利亚，却饲养了1200万头羊。自然景观、产业和民众的生活，都因绵羊而发生了很大的变化。

巴达维亚是一大商业中心

现在的印度尼西亚地区，当时是荷兰的殖民地。咖啡豆、红茶、胡椒、糖、橡胶、治疗疟疾的特效药奎宁等，这一时期世界上视为必需品的物资都在这里大量生产。为了将这些物资销往国外，这里的铁路和港口、电信等设施一应俱全。在殖民地行政机关所在地的巴达维亚（今雅加达），华丽气派的贸易事务所和仓库鳞次栉比。在这些设施附近，当地人、来采购商品的荷兰人和德国人络绎不绝。

"租界"的诞生

1842年，清朝在与英国的鸦片战争中被打败后，西方各国趁势向清朝提出，在允许外国船只进出的港口城市租借部分土地，由外国人自己管理，这种土地称作"租界"。在上海，除了当地居民生活的繁华街道之外，还建造了租界，形成了传统与近代西洋混合的、具有独特氛围的城市景观。当地人和西洋人在一个城市里共同生活、进行商业洽谈的光景，在当时一定是非常罕见的吧。

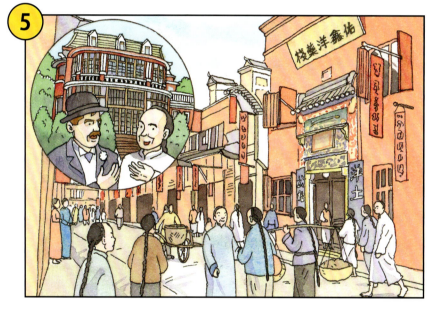

日本东都超繁华

"今天选什么花样的腰带呢？"男人和女人穿着流行服饰在这一带愉快地购物。这里是江户的日本桥。在经营日本和服布料的"吴服屋"里，以固定价格出售商品的销售方式比巴黎的百货商店还要早。房子的一楼是商店，算账的掌柜就坐在那里。客人挑选好布料后，当场量尺寸，定做合身的衣服。这个时期还没有高楼，所以，远处的富士山也能尽收眼底。

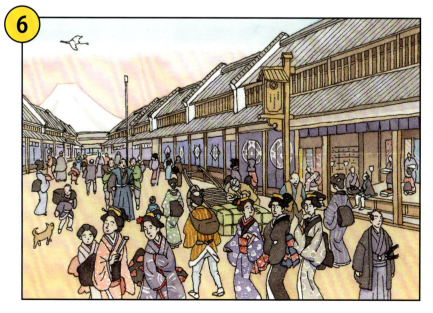

1880年前后的世界 社会结构

- 德意志帝国建立（1871年）
- 罗马尼亚王国建立（1881年）
- 俄罗斯帝国的亚历山大二世遭到暗杀
- 法国将突尼斯纳入保护领地（1881年）
- 英国将阿富汗纳入保护领地
- 清朝的李鸿章主张引进西方技术
- 卖给英国的苏伊士运河
- 欧洲各国分割非洲
- 埃塞俄比亚国王约翰尼斯四世，与进军东非的意大利作战
- 作为比利时国王的私有封地建立"刚果自由国"
- 中法战争后，法国将越南纳入保护领地（1884年）
- 沦为英国殖民地的新加坡

帝国主义时代

这个时期，英国、法国、德国、俄罗斯等欧洲国家，以强大的军事力量为后盾入侵世界各地，获得了新的广袤领土（殖民地）。某一个国家通过武力等手段，将其他地方的土地纳入自己的统治范围，并无视该地域民众意志的统治方式，称为"帝国主义"。在19世纪，非洲、亚洲、大洋洲等广大地区的民众和土地，被少数强国分割，沦为殖民地，这个时期的世界有以下几个特征。

第一个特征是成为帝国主义中心的欧洲民众认为，欧洲对全世界人民产生了影响。当时的欧洲知识分子认为，地球上人类社会的发展因地区而异，其中最"文明化"的是欧洲社会。他们还坚信，让处于"半文明"和"未开化"状态的其他社会文明化是自己的义务。根据这个想法，1884—1885年在柏林举行的国际会议讨论了如何分割统治非洲大陆的问题（④），至于非洲人民是否真的愿意接受，则全然不在考虑范围之内。

这种做法在世界范围扩散开后，欧洲之外的国家也产

瑞典的蒸汽船首次成功航行北冰洋航线

美国各地掀起兴建铁路的高潮

以强大的经济和军事力量为后盾,西欧人想要统治世界。

日本鹿鸣馆举行的西洋式舞会

爱迪生发明的留声机和电灯

爱迪生开设门洛公园研究室

首次装上白炽灯的英国客货船塞尔维亚号

围绕矿产资源的争夺,智利军队与秘鲁军队的海战

巴西联邦共和国建立(1889年)

生了必须推行"文明化"、以免被其他国家支配的想法。当时的日本也竭力想使国家的统治结构西方化,通过吸收西方文化,获得与欧洲各国的对等交流和认可(⑥)。

另一个特征是科学技术的突飞猛进。电报和电话的发明,让原本相距遥远的地区可以直接取得联系。采用最先进的技术挖掘的苏伊士运河开通后,大幅度缩短了从西欧到印度洋的航线。通信和移动手段愈加便捷,统治遥远的大洋彼岸的殖民地也不再那么困难了。

支撑技术进步的,是那些被称作"资本家"的人。他们在积累财产(资本)的基础上,建造工厂,从殖民地进口原料,雇佣人劳动,制造产品(①)。将产品在国内外销售后积累的资本再投资于各种各样的事业。随着工业化的发展,资金雄厚的工厂主、贸易商、银行家等,开始对政治产生了巨大的影响力。资本家积极支持对自己的生意有利的、政府推行的帝国主义政策。

1880年 前后的世界 社会结构

帝国主义时代

① 爱迪生是总经理

以发明王著称的美国托马斯·爱迪生,一生共有一千三百多项发明。1879年,他使用灯泡,成功地点亮了电气之灯。录音的"留声机"也是爱迪生的发明。爱迪生不仅是发明王,作为"资本家"也很有名。他将电灯的供电系统化后,将这一构思出售并开设了公司。随着电灯的普及,爱迪生的公司的资金也不断增加,规模也逐步扩大了。

② 坐人力车去城堡?

马来半岛前端是现在的新加坡,当时是英国的领地。宏伟的城堡似的英国式建筑是警察署。但是,城堡外跑的不是西洋的马车,而是人力车。随着人的迁徙,工具和建筑技术也会转移,在新的地方出现了新的建筑。这样,旧建筑与新建筑混合在一起,形成了不可思议的城市景观。不过,远离城市的地方,由于要应对潮湿和洪水,还是以传统木造高脚、底层离开地面的建筑物为多。

③ 南美的"太平洋战争"(1879—1884年)

在日本,说起"太平洋战争",那是指20世纪日本与美国的战争。但是,还有一个同名的战争,那就是在南美洲的智利、秘鲁、玻利维亚之间的战争,这是一场围绕一种农业肥料的原材料——硝石的矿产资源的三国战争。战场主要在太平洋上。赢得海战胜利的是智利,并获得了拥有硝石和铁矿石矿山的土地。智利将这些矿石出口到欧洲,带动了经济发展。由此可见,即便是南美洲国家之间的战争,在经济方面也是与世界其他地区相关的。

柏林会议（1884—1885年）

德国首相俾斯麦为了协调欧洲各国在非洲大陆刚果的统治权和利益分配问题，在德国柏林举行了国际会议。这次会议规定，以后在非洲建立殖民地时，必须事先向在该会议协定书上署名的国家通告，获得首肯。这个会议之后，无视当地民众意志和想法、瓜分非洲的行径愈演愈烈。

运河是谁的？

埃及的苏伊士运河是连接地中海和红海的国际贸易大动脉。在法国外交官雷赛布的指挥下，埃及从1859年开始，花费了十年时间，动用了大量的劳动力，挖掘了一条全长164公里的水路，这是集聚了近代工学智慧的大工程。1875年，陷入财政危机的埃及总督，不得不将自己持有的苏伊士运河经营公司的股票卖给了英国政府。英国掌握了埃及珍贵的财产，即运河的运营主导权，此后还介入了埃及的政治。

豪华舞会

这时期的日本为了实现"文明化"，想将西方所有的东西都引进日本。在东京都麹町区（今千代田区）明治政府建造的西洋式豪华建筑——"鹿鸣馆"里，时常举办舞会。来这里跳舞的政府高官和夫人们，穿的不是日本和服，而是西装洋服。在鹿鸣馆里，无论穿的还是吃的，都是西洋式的。明治政府的官员们接受了"西洋即文明国家"这一欧洲人的想法，向国内外展示自己也是"文明"的一员。

1880年 民众生活前后的世界

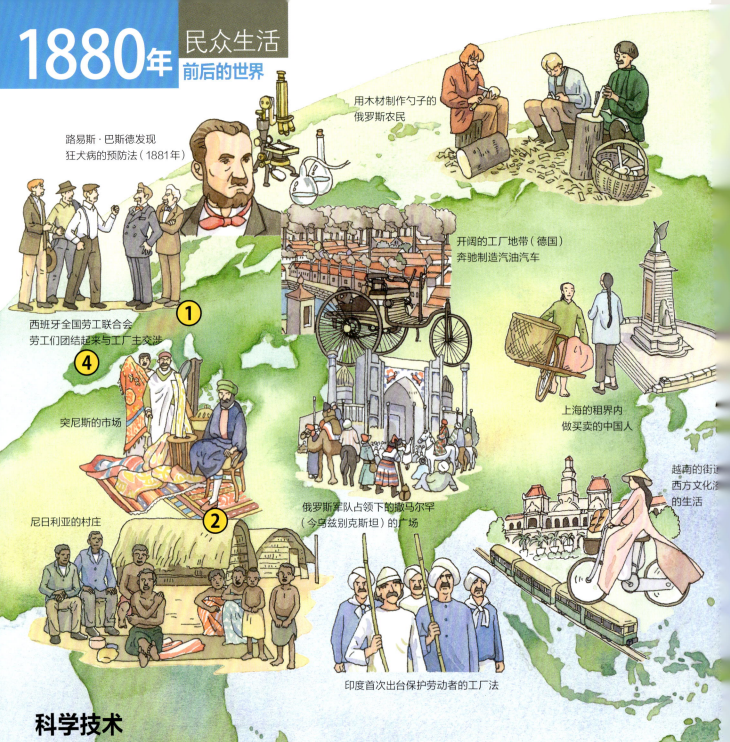

科学技术带来的明与暗

　　抱着帝国主义思想的欧洲国家为了进一步扩大殖民地，在亚洲和非洲展开了土地和人口的争夺战。他们不顾当地实际情况而强行划分的分界线，割裂了一些原本生活在一起的地区。另一方面，又将不同语言和生活方式的民众居住地划为一个地区（②）。例如，尼日利亚这个国家原先是英国殖民地，这里生活着一百多个不同语言和文化的群体。虽然民族群体之间有时会发生冲突，但有时似乎也会聚在一起演奏音乐。

　　东南亚和大洋洲也有相同的情况。那些在沦为殖民地的土地上生活的人们，渐渐被遥远的欧洲各国的政治和经济动向所左右，生活方式也不知不觉地发生了变化。

　　另一方面，在欧洲和美国，科学技术飞速发展，人们的日常生活开始发生了巨大的变化。由于发现了病原体，那些原先被认为无法治愈的疾病，随着研究开发，治疗方法不断进步，人们的卫生意识也加强了（①）。人类不但开始使用煤炭和以燃煤为动力的蒸汽机，而且使用石油和电力，由此出现了各种各样的新产业。

　　汽油汽车的原型在德国亮相也在这一时期。1878年，

科学技术的发展，给民众的生活带来希望的同时，也带来了不满与不安。

在废弃的马车上玩耍的美国儿童

在海上铁道行驶的蒸汽火车成为话题（东京品川）

美国南部民众的假日生活

早期的电话接线所开设在伦敦（英国）和纽黑文（美国）之间

新西兰原住民（毛利人）的家

合家团聚的情景（巴西）

美国成立了世界上第一家电话公司。因为电灯的发明，昏暗的夜晚，街道和家里变得明亮了起来。现在，我们的生活中已经不可或缺的家电之一——冰箱的研发，也是在这个时期有了快速的进展。

新技术和产品，从发明和开发它们的国家和地区开始向其他地方转移，似乎瞬间就普及了。但是，获得恩惠的仅限于极少数的有钱人。拥有资本的富裕阶层以此为基础，在工厂和公司大量生产商品出售，获得了巨大的利益。另一方面，原先在田地耕作或做小本生意的人，逐渐选择在资本家经营的工厂或公司工作，成为领取工资的"劳动者"。但是，这个时期的劳动者获得的工资仅够维持生活，多为恶劣条件下的体力劳动。在这种情况下，劳动者们团结起来成立了工会，为了改善工作环境，经常进行抗议运动（④）。在工厂里，女性劳动者也非常多。其中还有怀孕的女性和抱着幼小孩子的母亲。

1880年前后的世界 民众生活

科学技术带来的明与暗

① 病原体的发现

再有钱，如果没有特效药，病也治不好。人生病的原因之一是病原体侵入身体，这一时期，随着显微镜技术的提高，接二连三地发现了各种病原体。1880年，法国发现了疟疾病菌，德国发现了伤寒病菌，1882年德国的科赫发现了结核菌。病原体研究的进步，也使得克服病原体的方法和药物开发迅速发展。这样，之前无法治愈的病也一个接着一个地找到了治疗的方法。

② 从今往后，我们来保护

德国以反对奴隶贸易的名义入侵了非洲。1884年，德国人卡尔·彼得斯称，根据东非当地酋长们提出的"希望德国提供保护"的要求，与东非缔结了条约，但条约的实际意思是"欧洲其他国家不得插手德国对当地的保护"。据说，原先统治这个地方的桑给巴尔苏丹对此提出了抗议后，德国立刻就派遣军舰，将大炮对准了苏丹的宫殿进行威吓。但是，当地的民众难道真的需要遥远的欧洲国家来保护吗？

③ 少数人成了目标

1881年，俄罗斯皇帝亚历山大二世在首都圣彼得堡遭到了暗杀。这是一部分为了改善劳动者待遇、要求激烈的社会变革的人引发的动乱。但俄罗斯政府断定，犯人是在社会上的少数派犹太教徒。于是，人们的愤怒转向犹太教徒，犹太教徒成了人们对社会不满的出气筒。各地的犹太教徒成了歧视和杀人事件的不幸受害者。随着这种反犹太主义势力的增大，越来越多的犹太人想逃到国外去。

劳工的工资和权利

大家脱去上衣,都在嚷嚷着什么?"加工资!""增加人员,减少工作!"在西班牙一家工厂的门口,为了争取更好的工作环境,工人们开始向工厂主提出抗议。这样的小规模运动日积月累,就结成了以保护劳工权利为目的、称作劳工联合会的团体。不仅在西班牙,世界各地的劳工都发起了同样的运动。

冰箱是什么时候出现的?

以前,为了保持肉类和鱼类的新鲜度,要么用盐和调味料,要么从高山上切开冰或雪,制作冰室,将肉或鱼放在里面保存。19世纪中叶的冰箱竟是那么巨大!1880年左右,电冰箱的研发水平得到了很大提高,形状也随之变小了。冰箱的出现,使生的食物也可以长时间保存了。随着电灯逐渐普及,夜晚变得明亮了起来;通过电话,可以和远方的人说话了、电力为人类的生活带来了巨大的变化。

学习改变人生

孩子们正在认真地看着书。这是日本明治政府开设的小学教室的情景。他们在读什么书?他们在读福泽谕吉写的《劝学篇》。福泽谕吉就是那位头像印在现在的1万日元纸币上的人。这是一本以"上天不造人上之人,也不造人下之人"开头的书。即,人与人之间的差别不是根据身份定的,而是由于学习还是不学习的差距产生的。从这些言论思想可见,这个时期的学校,灌输的不是身份之间的差别,而是学习的重要性。

1872年，明治政府派遣岩仓使节团赴美国和欧洲各国，只有公卿出身的岩仓具视（照片中央）穿着和服，其余四人均身着西服出发。

〈专栏〉

洋服的历史

平时穿的衣服，
日本人称为"洋服"。
这种叫法是从什么时候开始的呢？
虽然是每天理所当然地穿着的衣服，
却反映了"社会结构"和"民众生活"的
巨大变化。

穿束带装的明治天皇
（1872年，内田九一摄影）

穿西式军服的明治天皇
（1873年，内田九一摄影）

在很久以前，人类就开始用身边的材料做衣服。在寒冷的地方，穿毛皮或厚布的衣服御寒，在阳光强烈的地方，用轻薄的衣服罩住全身等，想方设法地适应当地的自然环境。随着人类移动范围的扩大、技术的提高，出现了新的材料和款式。在世界各地，衍生出了各式各样的服饰，出现了适用于各种身份、职业、性别、宗教等不同需要的款式。

"洋服"的诞生

19世纪初，日本的筒型和服、印度的沙丽、奥斯曼帝国的连衣裙等，都是当地人的日常服装。但是，随着拥有强大的经济和军事力量的欧美各国对外扩张，状况开始发生了变化。各国都渐渐地吸收了欧美式的服饰。

1853年，海军准将佩里率领黑船舰队开进日本的时候，日本政府和民众受到了巨大的冲击，认为必须尽快建立军队和国家的制度。因为如果不这么做，日本也有可能会成为欧美各国的殖民地。成立于1867年的明治政府创设了西式军队，陆军采用了法国式制服，海军引进了英国式制服。另外，1872年公布了"礼服采用洋装"的规定。根据这个规定，废除了此前正式场合男性穿的直垂、狩衣、上下套装等传统服装，前扣式上衣和裤子这种欧美式礼服成了政府高官的正式服装。第二年，明治天皇也换上了西式军装。

"洋服"诞生的背景，蕴含着日本人希望跻身于世界强国的愿望。与日语"洋服"一词相对应，传统的日本式服装就被称为"和服"了。

"洋服"的普及

明治时代的日本，继军服和礼服之后，警察、邮递员、铁路职工、学生制服都采用了洋服。生活在城市的男性，形成了在外将西服作为"工作服"，回家后就换上和服的生活方式。刚开始的时候，也出现过夏天穿冬装，衬衣当夹克穿的情况，凡是欧洲式样的，都吸收了进来。然而，西式的鞋子不合脚，也给不少人带来了烦恼。

随着男性洋装逐渐增加，女性们也渐渐地对欧美女性的服装产生了兴趣。1883年开张的鹿鸣馆（→25页）几乎每天晚上都要举行舞会。舞会上，可以看到穿着当时巴黎流行款式礼服的上流社会女性的身影。女子学校的校服开始采用洋装也是这一时期。

左：在明治时代的锦绘（版画）上画的穿西服的女性。穿的是一种称作"裙撑式"的、用填充物撑起臀部的女式礼服。
右：东京女子师范学校的学生（1890年）

女性的洋装没有男性那么普及，特别是中日甲午战争（1894—1895年）、日俄战争（1904—1905年）期间，国粹主义（强调本国自身文化优异性的倾向）的风潮愈发激烈，认为女性就应该穿和服。女性洋装的普及是进入20世纪后，随着步入社会的女性明显增多才开始的。欧美各国也是以第一次世界大战为契机，融入社会的女性增多，作为"工作服"的简朴服装得到普及，日本也吸收了这种简朴服装。另外，在暑气尚存的九月发生了关东大地震（1923年），以此为契机，日本国内也推出了简便的夏季连衣裙。

也是在这个时期，孩子们不再穿带束腰带的和服，而是改穿西式服装。用拆开的成人和服的布简单缝制的儿童衣服，既方便运动又凉爽，一下子就流行了起来。

世界各地的"洋服"

地理位置上毗邻欧洲的奥斯曼帝国，在1800年代，比日本早半个世纪，就建立了拥有西式武器和军服的军队。到了1820年代，政府官员和办事员的礼服采用了欧式服装。之后与日本一样，首先是男装，接着女装也采用了欧美式样。

19世纪中叶，对于受到英国殖民统治的印度民众来说，欧洲的衣服不符合当地气候，既厚重，又带有殖民统治者傲慢的形象。但是，穿上洋服也有被视为"文明化"的一面。

因此，印度男性中，穿用英国产布料制作的印度式服装的人增加了，商务和社交场所穿欧美式服装的人也增加了。第一次世界大战后，随着民族解放和独立运动的高涨，兴起了拒穿英国制布料和西服、提倡穿印度产服装的运动。

欧美式的服装就这样在全世界这样传播开了，现在很多人穿的，应该都是被称为"洋服"的服装。那么，一百年以后会变成什么样子呢？想象一下都觉得挺有趣的。（撰文　后藤绘美）

印度独立之父甘地的西服照（右，1906年）和传统服照（左，1930年）

1918年 社会结构前后的世界

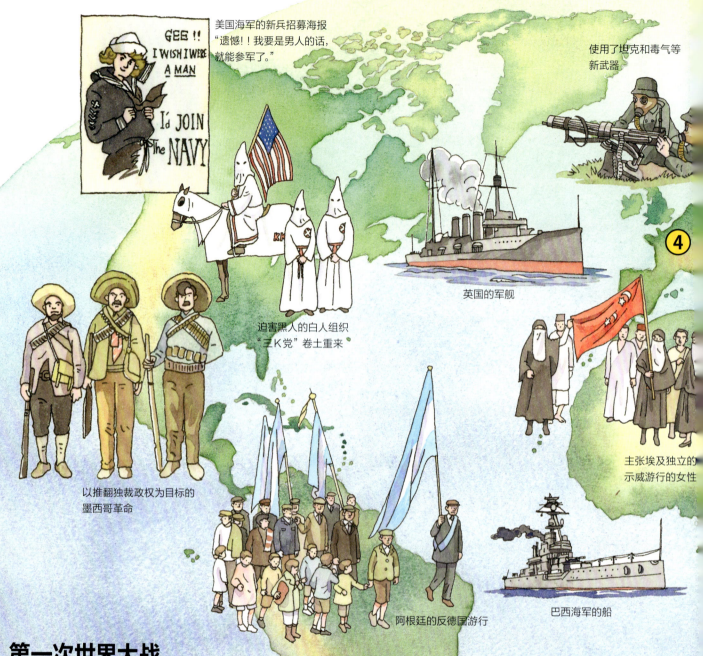

美国海军的新兵招募海报
"遗憾！！我要是男人的话，就能参军了。"

使用了坦克和毒气等新武器

迫害黑人的白人组织"三K党"卷土重来

英国的军舰

以推翻独裁政权为目标的墨西哥革命

主张埃及独立的示威游行的女性

阿根廷的反德国游行

巴西海军的船

第一次世界大战

进入20世纪后，世界发生了前所未有的大规模战争。这场战争后来被称为"第一次世界大战"（1914—1918年）。在此过程中，世界各国划分为三大阵营：德国、奥地利等组成的"同盟国"，英国及其他大国组成的"协约国"，以及"中立国"。

在世界大战的主战场欧洲，男性不断地被征去服兵役，其他地区也募集了许多士兵。当时在德国占领下的新几内亚，德国士兵召集当地的年轻人进行了军事训练。日本也往中国和马来群岛的德国殖民地派遣军队，占领了那里的土地。在英国的殖民地印度，士兵们奔赴欧洲战场。因为英国承诺，如果参加这场战争，将来就会承认印度的自治。

南美的巴西和阿根廷，虽然一开始是持中立立场的，但由于德国的无差别潜水艇作战（对所有的船不做任何警告就进行攻击）而三番五次遭到攻击，因此加入了战争。美国原先也表明保持中立，也因为同样的理由于1917年参战。此后，美国国内到处张贴了招兵的海报，加剧了战

争气氛。

战场的情况比以前的战争更加残酷。随着长时间的战壕对峙，士兵们疲惫不堪、粮食不足。坦克、战斗机、毒气等工业化催生的强大武器，让很多人都丧失了生命（②）。因战争而失去了劳动力，俄罗斯陷入了严重的粮食危机，对现状表示不满的民众纷纷走上街头，参加抗议活动（③）。

1918年，德国和奥地利提出了停战请求。至此，第一次世界大战结束了。据说，世界各地阵亡人数约为一千万人，受伤者约为两千万人。战争结束后，根据美国威尔逊总统倡议的"14条和平原则"，出现了形成新世界秩序的动向（④）。受这个原则倡导的"殖民地的解放"和"民族自决主义"等理想的影响，英国占领下的阿富汗、埃及、被日本侵占的朝鲜等，纷纷兴起了要求民族解放和国家独立的运动（⑤）。

1918年 前后的世界 社会结构

第一次世界大战

1 大战和世界各国

在第一次世界大战时,许多国家都以各种各样的形式卷入其中。战争的主要参与者是同盟国和协约国。同盟国方面,有试图获得新殖民地的德国、奥匈帝国、奥斯曼帝国(红色)。协约国方面,有意欲阻止这些国家行径的英国、俄罗斯、法国以及日本、中国等三十多个国家(绿色)。同盟国军占领的地区(橙色)和协约国的原殖民地(淡绿色)也被卷进了战争。另外,还有与同盟国断交的国家(淡蓝色)和成为中立国的国家(黄色)。

2 夺去众多生命的"超级大战"

在第一次世界大战中,使用了各种各样的战术和武器。其中有一种被称为战壕的、使用壕沟的战术。在法军和德军的战斗中,两军的步兵为了躲避对方的枪击,采用了挖掘战壕的办法,在战壕中隐蔽身体,阻击敌兵。据说,随着战争的长期化,战壕也越挖越长,最终长达300公里。另外,坦克和战斗机、毒气等新武器投入了使用,特别是毒气,只需要少量的研发费用就产生了巨大威力,因而被频繁使用,夺去了众多士兵的生命。

3 从街头示威到革命(1917年)

在俄罗斯,人们高喊"我要面包""反对战争"等口号,发起了大规模的抗议运动。这是因为农民被动员入伍,农业生产无法维持,国家陷入了严重的粮食危机的缘故。皇帝尼古拉二世试图动员军队镇压示威游行的队伍,但士兵们也加入了示威,导致镇压失败,最终皇帝的专制统治被推翻。11月,在列宁的指挥下,以社会主义革命(土地、原料、机械等的生产资料公有制,以实现平等的社会)为理想的阵营掌握了权力。

世界会成为一体吗？（1919年）

第一次世界大战 27 个战胜国的代表们聚集在法国的凡尔赛宫。这是为了在大战结束后制定新的秩序而举办的会议。会议的基本原则是当时的美国总统威尔逊提出的"14 条和平原则"。其中"成立国际和平机构"的提案，是国际联盟的基础。当时有 42 个国家加盟，联盟总部设在瑞士的日内瓦。德国和俄罗斯的加盟申请没有得到认可，而核心成员美国也因为国内意见的对立而没有加入。

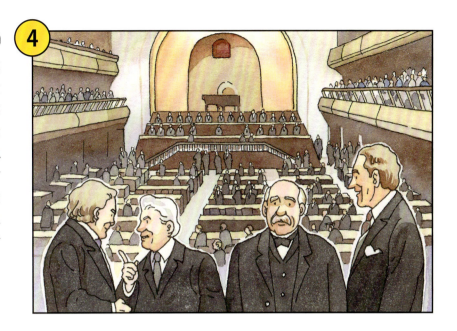

把握未来钥匙的是……

受到"14 条和平原则"民族自决原则（各民族自行决定政治事务的原则）的影响，被其他国家统治的国家和地区要求解放的运动变得活跃了起来。各个民族作为一个集体独立并成立一个国家的运动，称为民族主义或国家主义。在埃及，也出现了抗议英国统治的运动。在首都开罗，之前从不抛头露面的女性也与学生、公务员、劳动者、农民等男性一起加入了街头示威的队伍。

为何出兵？（1918年）

俄罗斯国内因革命而陷入了动乱，部分协约国便以营救被革命军俘虏的捷克士兵为借口，向俄罗斯派出了军队，史称"西伯利亚干涉"。但是，各国真正的意图似乎是为了推翻革命后成立的社会主义政府，削弱大国俄罗斯的势力。因为欧洲战事，英国和法国兵力不足。取而代之，美国和日本派遣了很多士兵。在面临日本海的港口城市海参崴，各国军队为了展示自己的势力，举行了盛大的阅兵式。

1918年 民众生活前后的世界

大战中的生活

第一次世界大战刚开始的时候，伦敦、巴黎、柏林等西欧城市经常举行声援本国军队的集会，人们的内心也充满了希望。然而，随着战争的时间延长，民众的面部表情也阴沉了下来。最能干活的青壮年男性都被送往前线，女性取而代之开始在外面工作：既有在军工厂组装战斗机、往子弹里填充火药的，也有自己撑起店铺经营、成为公交车和有轨电车乘务员的（①）。

这时，西欧女性的服装比以前更简单朴素了。袖子和领子的装饰少了，裙子短了，皱褶也变少了。其中虽有物资供应不足的原因，但也有便于在工厂和店铺里工作的因素。部分日用品和食品变成配给制供应，必须用政府发行的票证才能交易，人们每天都排成长队，按照顺序等待发放配给（②）。

与此相反的，是没有成为正面战场的美国和日本。因为战争，欧洲国家的生产力下降了。面向欧洲国家出口战争物资和工业产品，为美国和日本带来了前所未有的经济繁荣。纽约和东京到处都在兴建新的大楼和工厂，公路上飞驰的都是崭新的汽车。但是，在大好的经济形势下发财

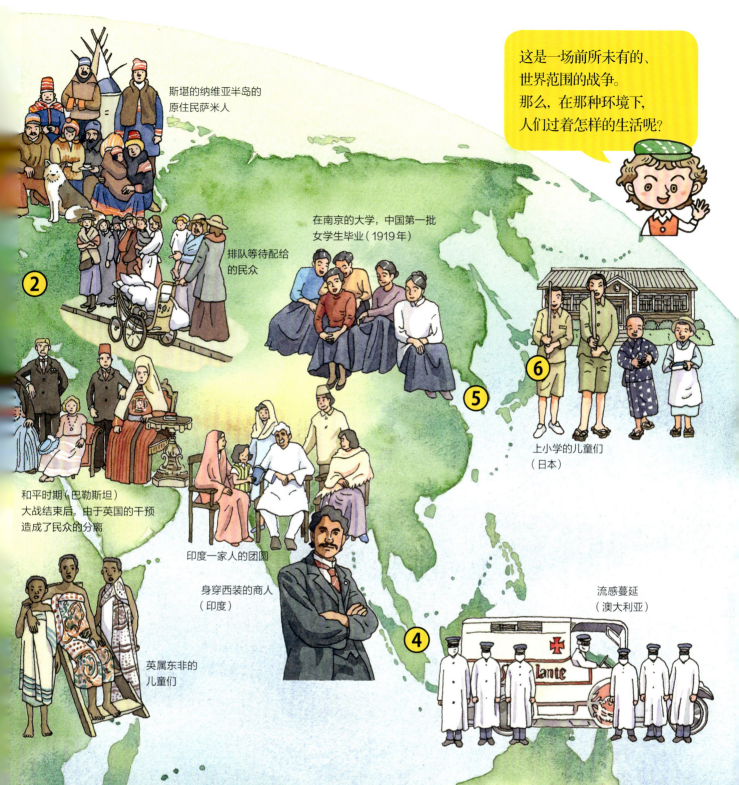

的只是富裕阶层，物价也随之急剧上涨，因此，普通老百姓的日子反而变得更不好过了。

这时的亚洲和南美等城市、地区的学校教育开始普及，小学和中学的入学人数增加。但是，并不是所有家庭的孩子都能上得起学。很多贫困家庭和农村的孩子们并没有去上学，而是在家里帮忙干活度日。

在教育制度发展过程中，女性当中也出现了接受过良好教育的人。在各地，出现了要求与男性平等、穿戴与传统女装相异的服装、行为举止有悖传统女性规范的女性，这些女性被称为"新女性"和"摩登女郎"。在欧洲、美国、亚洲各地，女性要求参政的运动也日益高涨。

经历过第一次世界大战的人，同时还经历了史上首次世界范围的流行性感冒肆虐。由于交通发达，加上战争和商业的需要，人们开始迁徙，因此感冒传染迅速蔓延。据说日本每3人中就有1人被传染，共有38万人死于这场流行性感冒。

1918年 前后的世界 民众生活

大战中的生活

1 机关枪和炸弹也不例外

在欧洲国家，女性代替奔赴战场的男性，承担了一直被认为只能男性从事的工作。其中之一就是工厂的工作。特别是在制造军需品（武器等军队必需的物资）的工厂里，女性的力量不可或缺。这张海报是英国政府发行的，画面上的文字是号召女性们"为履行国家义务，学会制造军需品"的意思。在工厂或其他地方工作的女性们为了方便活动，衣服的下摆变短，装饰也变少了。

2 面包用票证交换

战争年代，各国的农民和商人被征去当兵，运送物资的汽船和铁路被敌军封锁，因此，食品和日用品容易短缺。为了应对这种局面，各国政府实行了配给制。比如面包、土豆等主食，红茶、白糖等嗜好品，肥皂和煤炭等日用品，必须按照家庭、人数，用发放的票证进行交换才能买到。配给的东西有许多比战前的质量要差。比如在俄罗斯，配给的面包不是用小麦，而是用黑麦和土豆做的。

3 勤漱口、戴口罩（1918—1919年）

流行性感冒在世界各地蔓延、肆虐，据推断，约有五亿至十亿人因流感而死亡。这个数字比第一次世界大战中战死者的人数还要多。流感从美国西北部开始流行，随美国军队一起传播到欧洲，在前线战斗的士兵中出现了大量死者。据说因为发生了流感，大战也提前结束了。由于流感的消息是通过中立国西班牙传到全世界的，因此被称为"西班牙大流感"。在美国的小学里，每天都要指导学生漱口，棒球选手也要戴着口罩参加比赛。

使用各种各样的语言学习 ④

在位于马来西亚半岛南部、英属的新加坡，自19世纪末起，来自中国的移民急剧增加。各地设立了中国侨民的学校，使用英语、汉语、马来语三种语言授课。20世纪初，招收女子的学校也多了起来。女孩们在学校里学习音乐、缝纫、烹饪等。"早上好"是汉语，"Good morning"是英语，"Selamat pagi"是马来语，都是"早上好"的意思。

各种生活 ⑤

朝鲜半岛的朝鲜王国自1910年以来，被日本帝国（日本）殖民，置于日本的统治之下。日本政府通过行政和教育推行日本化，但人们的服装、饮食文化、居住生活仍保持着独自的传统形式。这幅图里画的妇女也身穿一种称为"则高丽"的、朝鲜半岛特有的短衣，和称为"契玛"的朝鲜长裙，妇女们手里拿着的是砧棒。这是东亚各地自古以来就使用的工具，在没有熨斗的年代，人们用这种方式敲打衣服，以便去除衣物的皱褶。

大战经济与大米暴动 ⑥

在没有沦为战场的日本，面向因战争而经济停滞的欧洲出口贸易增加了，经济形势出现了前所未有的繁荣景象。造船、钢铁、机械、化学和药品等重工业飞速发展，并出现了将各种企业收入伞下的"豪门财阀"等新的富裕阶层。另一方面，农民、渔民、城市劳动者等大部分人则备受物价上涨的煎熬。1918年，日本政府为了出兵西伯利亚而大量收购大米，结果导致大米价格暴涨，日本各地爆发了米骚动的大动乱。

图书在版编目(CIP)数据

开始巨变的世界/(日)后藤绘美，鹈饲敦子撰文；(日)落合惠子绘画；张厚泉译
—上海：复旦大学出版社，2018.6
（全景世界史）
ISBN 978-7-309-13701-9

Ⅰ.开… Ⅱ.①后…②落…③张… Ⅲ.世界史-青少年读物
Ⅳ.K109

中国版本图书馆CIP数据核字(2018)第105720号

Wagiri de Mieru! Panorama Sekaishi 4. Ôkiku Ugokidasu Sekai
Supervised by Masashi Haneda, text by Emi Goto and Atsuko Ukai, illustrated by Keiko Ochiai
Copyright© 2015 by Masashi Haneda, Emi Goto, Atsuko Ukai and Keiko Ochiai
First published in Japan in 2015 by Otsuki Shoten Co., Ltd.
Simplified Chinese translation rights arranged with Otsuki Shoten Co., Ltd.
through Japan Foreign-Rights Centre/ Bardon-Chinese Media Agency
上海市版权局著作权合同登记图字：09-2017-228号

图书在版编目(CIP)数据

全景世界史/(日)羽田正总主编;张厚泉译.
—上海:复旦大学出版社,2018.6
ISBN 978-7-309-13701-9

Ⅰ.全… Ⅱ.①羽…②张… Ⅲ.世界史-通俗读物 Ⅳ.K109

中国版本图书馆CIP数据核字(2018)第110053号

全景世界史
[日]羽田正 总主编 张厚泉 译
责任编辑/吴 湛

复旦大学出版社有限公司出版发行
上海市国权路579号 邮编:200433
网址:fupnet@fudanpress.com http://www.fudanpress.com
门市零售:86-21-65642857 团体订购:86-21-65118853
外埠邮购:86-21-65109143 出版部电话:86-21-65642845
上海中华商务联合印刷有限公司

开本890×1240 1/16 印张14.75 字数678千
2018年6月第1版第1次印刷

ISBN 978-7-309-13701-9/K·660
定价:248元

如有印装质量问题,请向复旦大学出版社有限公司出版部调换。
版权所有 侵权必究

横切・纵览・俯瞰！ 全5卷

全景世界史

❶ 世界史伊始
❷ 多样化的世界
❸ 海陆相连的世界
❹ 开始巨变的世界
❺ 变化不息的世界

总主编 羽田正

　　1953年生，东京大学东洋文化研究所教授（世界史·比较历史学）。主要著作有《伊斯兰世界的创造》（东京大学出版会）、《新世界史的建构》（岩波新书）等。不拘泥于国民国家或欧洲对亚洲的这种框架，提倡新的世界史=全球史的叙述，致力于与各国历史学者之间的合作研究。

撰文 后藤绘美

东京大学东洋文化研究所助教（西亚·中东地区文化研究）。

鹈饲敦子

日本学术振兴会特别研究员（日法文化交涉史）。

绘画 落合惠子

　　插图画家。武藏野美术大学短期大学部毕业，设计事务所工作后自立。代表作有《图画 东海道（其一～其三）》（POTHOS出版）。

翻译 张厚泉

　　1963年生，东华大学教授，学术博士。主编《新版中日交流标准日本语电视讲座》、十一五、十二五国家规划教材，参编《日中辞典 第三版》（小学馆）等。东京大学东洋文化研究所访问研究员、中国翻译协会专家会员、上海翻译家协会会员。

总主编

羽田正

东京大学 东洋文化研究所 教授

在全球化进程不断加快的今天，比起将世界分成若干个地区和国家记述的"纵观的世界史"，描述地区之间的人际交流或与人们生活相关的、"横观的世界史"的重要性愈来愈受到关注。在本丛书的各册里，每册将历史"横切"成四个时代，自始至终，纵览各个时代的人类社会的全局，尽可能地将各时期的世界全貌纳入视野。

各个时代分别用"社会结构"和"民众生活"这两种视点描绘的地图和插图展现出来。历史虽然有国家之间、统治者之间交织抗争的一面，但是，民众的日常生活和文化变迁等也是同样重要的一个侧面。请大家从多方位视角体会把握历史的有趣之处。

我们现在生活的这个世界与过去的人类社会相比，有何不同？哪里相似？试通过这套丛书一起思考。

横切·纵览·俯瞰！全景世界史 中文版序

　　了解过去，换言之，以史为鉴到底意味着什么？这绝不意味着只是单纯地对过去的事实进行确认。只有了解了过去，才能更好地理解现代世界的特征，把握如何正确行动。这是学习历史的意义所在。历史，是为生活在现代的你我服务的。世界上没有与现代无关的历史。

　　但是，值得引起我们注意的是，历史并非只有一种。即便是同样的事情，因时代、地点加之描写、学习历史的各种人的立场等不同，其观察的结果也会不尽相同。这一点，在世界史领域尤为明显。为此，本系列丛书提出了一种新的研究世界史的方案，从横向角度观察同一个时代的世界，描述那个时代的世界整体特征。即如果将世界史比喻成一块织布，我们尝试了从注重其横向的"纬线"角度进行了诠释。传统的世界史一般是从国别史，即沿着纵向的"经线"角度理解过去的，因此，这是从新的角度观察过去的观点。当今世界整体联动，无论做什么事都必须意识到整个世界的状况，可以说，这是一部适合现代的世界史。

　　这套丛书主要是以中学生为对象撰写的，为了便于阅读，我们尝试了使用绘画和地图与文章相结合的方式，立体地说明过去的世界。因为原本是用日语出版的，所以，各个时代的社会结构和民众生活解说的6幅画中都有一幅是日本列岛的历史。另外，因为是日语版的中文翻译，所以，丛书里的记述可能与大家在学校里学的世界史或中国史略有不同，记载了以往教科书里没有的事项。诚如以上所述，历史可以有各种认识。对此，我希望大家抱着"发现"这种认识或理解方法的心情阅读，并感受到其中的乐趣。

　　2013年3月，东京大学与复旦大学的研究生和博士后研究员在复旦大学文史研究院举办了交流会。我与从东京赶去参会的宇野瑞木、内田力、佐治奈津子、鹈饲敦子、后藤绘美、寺田悠纪6人在入住宾馆大厅一起商讨策划这套日语版丛书的情景，此时此刻油然而生，回想起来不禁感慨万千。五年多的时光稍纵即逝，期间，不仅5卷全部顺利出版，更没想到，本套丛书的中文版也由复旦大学出版社出版了，这着实令人非常高兴。在此，衷心感谢推荐本套丛书在复旦大学出版社出版的葛兆光教授（复旦大学文史研究院）和准确、高效地翻译的张厚泉教授（东华大学）。期待本套丛书能与众多的中国年轻读者见面。

羽田正
2018年5月

横切·纵览·俯瞰！
全景世界史 5

变化不息的世界

总主编 [日]羽田正　撰文 [日]寺田悠纪
绘画 [日]伊藤弘通　翻译 张厚泉

复旦大学 出版社

当前我们生活的时代称为现代。

现代，是超越国家和地区的经济活动、人口移动频繁的时代。在这个时代，某个地方发生的事情往往会对遥远的、看似不相干的地方的生活产生影响。由于电视和手机、互联网的普及，信息传递的速度加快了，同样的信息，人们瞬间即可共享。

本书从席卷世界的第二次世界大战爆发的1940年前后开始叙述，直到我们现在生活的2010年左右为止，我们用四个年代对其进行了"横切"。
因第二次世界大战，人们的生活发生了巨变的、1940年前后的年代。
以苏维埃社会主义共和国联盟（苏联）和美利坚合众国这两个大国为中心的、社会主义和资本主义两大阵营对立的"冷战"结构笼罩了世界的、1968年前后的年代。
随之是冷战趋向结束的、1989年前后的年代。
最后是依然急剧变化的、2010年前后的年代。

现在，即便是世界大战及冷战时代出现的阵营之间的分割业已消除，围绕边境的纷争和经济的落差等各种各样的分割依然存在。
今后的世界依然会变化不息，面对超越国家和地区的纷争和社会问题，让我们作为地球居民的一员，与世界上所有的人一起，就如何解决这些问题的途径，带着思考阅读、探寻。

本丛书所使用的年代

本书在表示历史上所发生的事情的年代时，使用阳历（公历）。
因时代和地区不同，世界上有各种各样的日历。但是，当今，世界通用的日历是16世纪在欧洲确立的公历。
这种日历是以耶稣基督诞生的那一年作为1年的。
（但现在一般认为，耶稣的诞生要更早些。）
表示比公历1年更早时，用"公元前某年"表达。
如果说公元前100年，即指从公元1年倒数的第100年。
所谓"世纪"，是表示100年为单位的时代的词语。
自公元1年起至100年止是1世纪，自101年起至200年止是2世纪……以此类推。
自1901年起至2000年止是20世纪，自2001年起至2100年止是21世纪。
公元之前的时代，同样可用"公元前某世纪"表示。

公元前3000年

公元前5000年

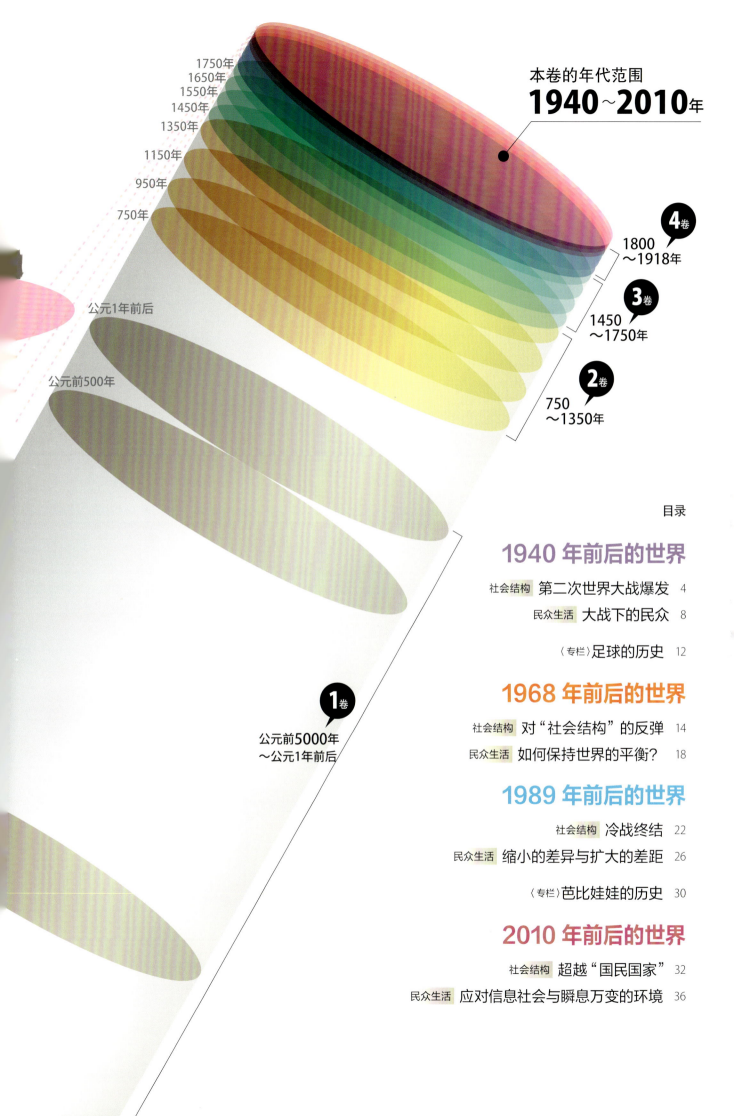

本卷的年代范围 **1940~2010年**

4卷 1800~1918年
3卷 1450~1750年
2卷 750~1350年
1卷 公元前5000年~公元1年前后

目录

1940 年前后的世界
- 社会结构　第二次世界大战爆发　4
- 民众生活　大战下的民众　8
- 〈专栏〉足球的历史　12

1968 年前后的世界
- 社会结构　对"社会结构"的反弹　14
- 民众生活　如何保持世界的平衡？　18

1989 年前后的世界
- 社会结构　冷战终结　22
- 民众生活　缩小的差异与扩大的差距　26
- 〈专栏〉芭比娃娃的历史　30

2010 年前后的世界
- 社会结构　超越"国民国家"　32
- 民众生活　应对信息社会与瞬息万变的环境　36

1940年

社会结构前后的世界

第二次世界大战爆发

第一次世界大战（1914—1918）结束才二十多年，为什么又发生了第二次世界大战呢？原因多种多样，其中之一是，第一次世界大战后，战胜国为了让战败的德国承担战争责任，向德国索要了巨额赔偿金。为此，德国经济恶化，社会动荡。另外，20世纪30年代美国的不景气也波及其他国家，接受美国支援的德国的情况变得越发糟糕。

为了应对经济恶化和社会动荡的扩大，世界各地都在尝试各种经济政策和政治思想。在意大利，墨索里尼推行法西斯主义；在德国，建立起了以希特勒为首的纳粹主义体制。这两种体制都是将权力集中在独裁者手中的社会结构。希特勒领导的纳粹党以收复在第一次世界大战中失去的领土为名，1939年对波兰发起了进攻。对此，与波兰有同盟关系的英国和法国随即发出了宣战布告，第二次世界大战就这么打响了。

在日本，也有一些人想通过海外领土和权力的扩张而获得利益。日本军队入侵中国大陆，占领了中国东北部（满洲），建立起了伪满洲国。继而，1937年日本军队借口与中国军队在北京郊外发生了冲突，拉开了全面侵华战争的

小小的纠纷变成一场席卷全球的战争。国家之间为什么会相互对立呢?

美国的罗斯福总统

日军攻击夏威夷珍珠港

曼哈顿计划
世界首次原子弹实验
(1945年)

巴西空军士兵

帷幕。对此,美国支持了中国的蒋介石政权。于是,日本政府为了保持其亚洲地区的优势地位,加强了与意大利、德国的关系,并结成了三国同盟(1940年)。

1941年12月8日,日军在英国领属的马来半岛奇袭登陆,另外,还在夏威夷的珍珠港攻击了美国舰队。这样,太平洋也爆发了战争。世界上形成了以缔结三国同盟的德国、日本、意大利(轴心国),与反对轴心国的英国、法国、苏联、美国、中国等(同盟国)两大阵营的交战。

值得关注的是,1940年的时候,国家的数量要比现在少。亚洲、非洲大陆的大部分地区是欧美和日本的殖民地。生活在殖民地的民众也加入了宗主国英国和法国的战争。澳大利亚的很多士兵为了旧宗主国英国也奔赴了战场。日本也征用了朝鲜半岛和台湾的民众。

最终,同盟国一方赢得了这场战争的胜利。在这场约有百分之八十的人类被卷进的大战中,姑且不论政治思想和体制的异同,众多民众丧失了生命。

1940年 前后的世界 社会结构
第二次世界大战爆发

① 德国进攻波兰

德国在第一次世界大战中战败后,按照《凡尔赛条约》应该承担战争责任,支付大额赔款。这一结果导致了德国的经济恶化。为了重振经济、夺回失去的东面领土,纳粹党的希特勒于1939年9月进攻了波兰。对此,英国和法国表示反对,并发出了宣战布告,拉开了第二次世界大战的序幕。纳粹党的独裁性是众所共知的,然而,它原本是根据民主的《魏玛宪法》、通过合法的选举形式获取政权的。

② 不让石油落到纳粹手里!

伊朗是出产石油的地方,处于当时的英国属地印度与苏联之间,战略位置非常重要。英国的英国伊朗石油公司长年控制着伊朗的石油生产权,但由于伊朗国王礼萨·汗加强了与德国的关系,油田就有可能落到纳粹德国的手里。1941年8月,英国和苏联进攻了伊朗,确保了作为物资输送路线的伊朗纵贯铁路。这样,同盟国成员的美国支援物资也可以输送到苏联了。

③ 多国籍的法国军队

第二次世界大战波及全世界的许多国家,其中,还有很多士兵是从原殖民地的亚洲和非洲地区奔赴战场。1940年6月,德军侵占法国后,建立了追随德国的政权。法国的夏尔·戴高乐将军流亡到英国并组织了自由法国军,与德国展开了持久的抵抗。参加抵抗运动的半数以上的士兵,是来自原法国殖民地的非洲西部(主要是塞内加尔)的义务兵。此外,法国还借助了阿尔及利亚、摩洛哥等其他原殖民地国家士兵的力量。

这里也是日本？ ④

1940年，朝鲜和台湾作为日本殖民地，处于日本的统治之下。此人就是当时的台湾总督（派驻殖民地的长官）小林跻造。日本基于"大东亚共荣圈"的设想，打着驱除白人国家在亚洲的殖民地统治的旗号，在亚洲太平洋战争中，通过侵占马来半岛、菲律宾等扩大了势力范围。在视当地人与日本人同为天皇臣民（皇民化政策）的幌子下，日本强迫当地人使用日语、参拜神社、在恶劣环境下劳动等。因此，许多当地民众都奋起反抗日本军队的殖民统治。

研发目标是秘密 ⑤

"曼哈顿计划"是以美国为中心推进的核武器开发计划。秘密工厂的所在地在地图上是无法找到的。在那里工作的人，都被要求将所见所闻保密。虽然他们的家属和孩子都住在这个城市，过着普通的生活，但是，他们并不知道这里正在制造原子弹。日后，这里造出的"小男孩"和"胖子"原子弹，被分别投掷到广岛和长崎。美国之所以抓紧研发原子弹，其原因之一，据说是因为担心纳粹德国率先拥有原子弹。

日本2600年？ ⑥

1940年，是日本神话中的神武天皇即位2600年。为此日本政府举办了纪念庆祝活动，庆贺的气氛持续了很长一段时间。这一年，首次预定在欧美之外举办的东京奥林匹克运动会和世界博览会，因为日本侵华战争而没有如期进行。随着战争的长期化，生活用品变得匮乏，日本采取了配给制，这严重影响了民众的日常生活。政府想通过这种纪念活动鼓舞人心。据说也有向外国显示日本是一个具有悠久历史的优秀国家的含义在内。

1940年 民众生活前后的世界

大战下的民众

席卷全球的大战逐渐改变了人们的生活。有些地方的民众需要随时守在收音机旁,收听敌机什么时候飞来扔炸弹的消息,有些地方为了防备毒气,需要准备防毒面具。与此同时,人们也没有忘记娱乐。即便是在战时,美国的收音机也播放"超人"节目,到了1941年还开始了电视播放。日本在大规模开战之前的1940年初,当时很多人的生活也很充实,国内旅行盛行,新电影不断上映。因此也有人说,华丽的消费文化背后,战争正在一步一步地逼近。

大战中,即使是现在依然耳熟能详的商品被接二连三地研制出来。大战前,日本向美国出口丝绸。大战爆发引起了丝绸的供给不足。为此,美国市场上出现了尼龙制的长筒袜。因衣料品的限制,美国制的尼龙制长筒袜作为礼物,在丝绸长筒袜遭到禁止的英国受到了青睐。不易溶化的"m&m's"巧克力,激发了战地士兵的斗志。

对许多国家来说,这场战争是全体国民参与的"全民战"。即便不是实际战地的地方也被称为"枪后"(后方),为了支援在战地作战的男性,妇女和孩童也被视为应该劳

动。丈夫和父亲当兵奔赴战场,留下的妇女开始工作,支撑起家庭。军需工厂、护理伤兵的医院里也有妇女工作的身影。

战争对孩子们的玩具也产生了影响。在日本,因为制造武器的需要,金属都被回收了起来,玩具的材料只能限定用木材和纸。尽管如此,孩子们还是千方百计地想办法制作玩具,玩起了模拟战争的游戏。

不仅在军队互相冲突的前线,后方民众生活也遭到了袭击,普通市民的大量牺牲也是第二次世界大战的特征之一。民众正常生活的城市如果遭到空袭,也会瞬间沦为战场。在英国,孩子们从伦敦等城市向农村疏散(逃难)。在日本,也有很多孩子从东京等城市疏散出去。大战后期的1945年,东京在美军的大空袭下化为一片火海,一夜之间十万以上的民众丧生其中。

在全社会都在为战争工作的氛围下,士兵无法拒绝战斗。如果反对战争或者发表否定意见的话,就会被视为"卖国贼"而遭到攻击。这种没有退路的、国与国之间的相争,对世界上很多民众的生活造成了极大的影响。

1940年前后的世界 民众生活

大战下的民众

① 为何被杀？

德国采取了将犹太人从经济活动中清除出去的政策。种族歧视的政策逐渐升级，最后，"灭绝"犹太人竟然成了目的。被关押在强制收容所的犹太人里，女性和老人遭到杀害，有体力的人被强制劳动。犹太人少女安妮·弗兰克为逃离迫害，与家人一起移居荷兰。但是，德军于1940年侵占了荷兰，安妮被纳粹的秘密警察发现后被关进了收容所。在被关进收容所之前，她用日记记录下了大约两年左右的隐蔽生活。

② 雪中的冬季战争

无论是在热带还是在严寒地带，人们都在战斗。1939年，围绕边境领土问题，苏联向芬兰发起了进攻，这是一场在严寒中进行的、被称为"冬季战争"的战役。在军事力量上占有优势的苏联乐观地认为胜利在望，因而掉以轻心，没有做好足够的防寒准备。然而，战斗出乎意料地拖长了。苏联士兵不断被冻死，而熟悉气象的芬兰军的滑雪部队则活跃了起来。身着白色服装、埋伏在雪中的芬兰士兵，对苏联军队展开了伏击战。这种利用广阔森林和湖沼进行包围、歼灭的作战方式，被称为"包围游击"战术。

③ 今天的推荐菜单

战时，一旦运输路线被切断，货轮遭到攻击，立刻就会陷入粮食不足的困境。即便是英国，粮食多半是从新西兰等进口的，但为了开战后保证国民能够平等地得到粮食，早早地做好了配给制的准备。一个人能得到的食品量等预先被决定，这样，就无法进行大量采购了。粮食部在鼓励国民种植家庭菜园的同时，开发了只需要几种材料就能做的菜谱。用胡萝卜代替肉的"伍尔顿派"，就是以当时的粮食部大臣伍尔顿的名字命名的。

大象也出力

动物们也在世界各地被用来为战争出力，如反坦克狗和传递消息的信鸽（军鸽）、活跃在干燥地区的骆驼等。大象则活跃在车辆无法通过的地方。在英国原殖民地的印度，1857年英国组建了军队。这支被称为英印军的军队，在第二次世界大战中规模超过了250万人。在缅甸战线上，他们与日本军队发生冲突时，印度的大象帮忙往军用机上搬运货物。在英国，还有专门颁发给在战争中做出过贡献的动物的勋章呢。

出门旅游吧

在1940年的日本，尽管日本侵华战争早已开始了，但日本国内旅行的人、来自海外的游客依然很多。在面向海外的日本旅行宣传资料里，可以找到有关当时还是殖民地的朝鲜和台湾等的记述。在朝鲜半岛和伪满洲国，通有长途列车。以上海为中心的中国大陆铁路在日军的掌管下，普通旅客也可以乘坐。电影院等娱乐设施也正常营业。然而，街头贴着"奢侈是敌人！"等标语，自由的生活受到限制，战争的色彩令人感到愈发凝重了。

"学生的任务是学习"——并非如此

在日本的学校，英语作为敌对国的语言被禁止学习，学生们被动员到武器工厂等劳动。战争全面打响后，由于兵力不足，男学生作为士兵被派到战地，女学生则规定不能穿学生服而必须穿方便运动的裤子（劳动裤），为准备"本土决战"，用竹枪进行训练。面对驾驶着B29等飞机飞来轰炸的美军，竹枪能与之对抗吗？即使有这样的疑问，也只能放在心里想，而不能说出口。在"一亿玉碎"的军国主义精神指导下，当时的日本人都理所当然地做好了随时牺牲的准备。

位于巴西的世界最大的马拉卡纳体育场
（摄影　Leandro Neumann Ciuffo）

〈专栏〉

足球的历史

足球是深受世界各地欢迎的体育运动。
四年一度的世界杯，
每次都是高收视率。
足球在我们生活的世界上，
具有怎样的作用呢？

在英国举行的老式足球赛
（1846年）

第一次世界大战中，英国军队的士兵在战斗之余进行足球比赛（1915年）　©IWM

足球这一体育运动的诞生

用脚踢球的游戏，世界各地古已有之。譬如日本的"蹴鞠（kemari）"就是一种踢球游戏。（蹴鞠cùjū，古代踢球游戏，有较完整的规则，流行于汉唐，后与佛教一起传到日本。——译者注）这类游戏中的一种，演变成为世界性的体育项目，即足球。"soccer"是美国和日本的说法，在英国称之为"football"。

足球原本是英国各地乡村的祭祀活动，19世纪时成为上流社会的儿童在学校操场上玩耍的游戏。最初，各个学校的规则都不一样，有的学校也允许使用手。

一直到1863年在伦敦召开会议，制定了统一规则之后，才形成了只使用脚的足球的原形。当时，橄榄球校的学校毕业生因为没有遵从统一规则，于是，出现了有别于足球的、将球抱在手里奔跑的"橄榄球"。

足球的详细规则逐步完善。与此同时，从19世纪后半叶起，足球不再只停留在上流阶层的学校里，而是超越了地区和阶级，扩大到了整个英国，并迅速地传播到了海外。随着工业的发展，世界各地的铁路四通八达，在各地工厂和矿山工作的人们，结成了很多俱乐部（同好会）。

举办国际大会·世界大会

进入20世纪后，足球成为超越国家的交流手段。20世纪初，无论是组建国家代表队，还是训练或远征都不是那么容易的事情。但是，随着可以乘坐列车和轮船，尤其是第二次世界大战后可以乘坐飞机进行长途远征后，许多国际大会、世界大会应运而生。

世界上最有历史的洲际冠军赛，是南美大陆国家举办的"南美洲冠军赛"大会。第一次世界大战中，南美各国面向战争国家的出口贸易剧增，经济形势大好。与此同时，在沦为战场的比利时和希腊等地，如果没有危险，休息时间也有许多士兵们喜欢踢足球。

1930年在乌拉圭举办的世界杯，起初对参加的国家是有限制的。不过，第二次世界大战后，参加的国家逐渐多了起来，形成了现在这种世界最大的体育盛会。现在，无论是国家代表队、还是俱乐部队，都会定期举办争夺各大陆或世界桂冠的大会。

足球产业

早先的足球俱乐部是选手自己经营的。后来，经营与选手脱离，1930年代后，主要的俱乐部都由企业或实业家接手经营了。接受企业援助的好处是，许多俱乐部开始有了专用的运动场和比赛场（馆）。

20世纪下半叶，由于受到了全世界的青睐，足球开始显示出可以衍生各种商机、产业功能的一面。在巨大的比赛场，购票入场的观众蜂拥而至，球队比赛的周边商品和零食也非常畅销。为了获得明星选手，各俱乐部付出高额转会费和年薪，优秀的选手聚集到资金雄厚的名牌俱乐部。围绕比赛的电视播放权，也有巨大的资金在流动。为配合电视播放的需要，有时也会发生国际大赛修改比赛时间的情况。近年，足球队也成为石油资本（产油国的石油收入）的投资对象。

足球和政治

20世纪中期之后的足球，已经超越了体育的框架，开始拥有社会影响力了。不仅足球，体育运动有时会激起国家或集团之间的纷争，有时也被政治所利用。但是，足球也有过成为和平手段的历史。科特迪瓦国家队的迪迪埃·德罗巴选手在2005年的一次呼吁，成功地实现了临时停战，成为人们心目中超越民族对立的国民英雄。

在世界杯等赛场上，足球也可能会激起国与国之间的对立。其实，现在大部分世界闻名的强手俱乐部，聚集了来自世界各国的选手，英国的强手俱乐部阿森纳足球俱乐部（Arsenal Football Club）就是一支以国际色彩浓厚而闻名的球队。阿尔赛纳·温格教练（法国人，曾任名古屋虎鲸队的教练）称："并不是看护照挑选选手的。"现在大家都明白，任何团队，如果只拘泥于选手国籍的话，那是无法获胜的。

超级职业选手同时活跃于本国代表队和多国籍的俱乐部之间。对此，即便有人说某选手"是某某国家的人"，我们也知道该选手并不只代表那个国家。

造就未来的足球

随着国际化的发展，外国选手和外国教练、入籍（改变国籍）的选手也不足为奇。正因为如此，国际足球联盟（FIFA）正致力于通过足球消除种族歧视和宗教歧视等所有歧视的运动。不仅对选手，而且对包括观众（支持者）等足球相关人员，如果在运动场有种族歧视的言行，都将对本人和球队做出严厉的处分。

男子足球、女子足球自不必说，还诞生了由视觉障碍者组成的"盲人足球"（正式名为"视觉障碍者5人制足球"，残疾人奥运会2004年雅典大会的正式项目）。全世界各种各样的人都在玩足球。作为世界最受喜欢的体育运动之一，足球会为我们创造更加美好的未来。　　（撰文　内田力）

（Photoshot／时事通信图片）

阿森纳足球俱乐部聚集着来自世界各地的选手（2006年）

1968年 社会结构前后的世界

对"社会结构"的反弹

1968年前后,世界各地民众试图通过发起运动解决现实问题,其背景是美国和苏联的对立。第二次世界大战时,美国和苏联是盟友,但在战后的世界统治和影响力的问题上走向了对立。西欧国家追随美国,东欧国家成了苏联的同盟国,因此,这两个阵营的对立也称为"东西对立"。东方国家追求保障人人拥有平等财富与工作的社会主义;遵循资本主义的西方国家则认为,这是剥夺了个人自由的独裁。

这场对立并没有引发美国和苏联之间的直接武力冲突,因此被称为冷战。但是,受两个大国对立的影响,有些国家出现了分裂,许多地区化为战场。譬如德国,第二次大战后分裂成了美国支持的西德和苏联支持的东德,首都柏林也筑起了分割东西两侧的柏林墙。朝鲜半岛以北纬38度为界线一分为二,形成大韩民国和朝鲜民主主义人民共和国,并延续至今。越南也被一分为二,美国和苏联分别支援南、北越南。南越和北越展开战斗,并最终爆发了悲惨的越南战争。(②)。

在这种对立之外,也有想确立一种与双方阵营都保持

中立立场的国家。在曾经被作为殖民地统治的亚洲和非洲地区,第二次大战之后,接二连三地出现了民众奋起要求独立的国家。仅1960年,非洲大陆就有17个国家宣布独立,以至于被称为"非洲之年"。印度尼西亚和埃及等国家向新独立的国家发出呼吁,掀起了不结盟运动,各国互助合作。但是,各国的宗主国仍然想维持殖民地时代的影响力,因此,很难摒弃不平等的社会秩序。

以第二次大战中获胜的同盟国为中心成立的联合国,为了世界和平,在诸多领域开展合作,但也留下了各种各样的矛盾。譬如1968年为了实现没有核武器的世界,虽然缔结了《不扩散核武器条约》同时,对大国美国、英国、苏联、中国、法国承认其有核国家地位。

世界上还有种族歧视的大问题。在美国,要求废除黑人歧视的公民权运动不断扩大(④)。在墨西哥奥林匹克运动会上,非洲后裔的美国选手在表彰仪式上举起套着黑手套的拳头,呼吁反对歧视。

1968年前后的世界 社会结构

对"社会结构"的反弹

① 布拉格之春的来临

捷克斯洛伐克在第二次世界大战后实行社会主义,冷战时期属于苏联阵营。但是,随着要求自由化和民主化运动的扩大,1968年,主张"有人性的社会主义"的杜布切克当选为第一书记,废除了此前的出版审查制度,允许言论自由。眼看民众的民主化要求就要付诸实现,但是,春天并没能持续下去。由于担心自由化的浪潮波及其他社会主义国家,苏联采用军事手段介入后,改革夭折。

② 陷入泥潭的战争

冷战,使南北分裂的越南沦为战场。支援南部越南共和国的美国,为了阻止由苏联和中国支援的北部越南民主共和国的势力扩大,向越南派出了军队。在南越,也出现了以社会主义为目标而组成的南越民族解放战线(Viet Cong)。他们与北越军队一起与美军展开了激战。美军使用了凝固汽油弹和对健康危害很大的枯叶剂,对包括居民在内的越南民众实施了无差别攻击。这一惨状被报道后,美国国内的反战呼声也高涨了起来。

③ "严禁'严禁什么什么'"

在诸如越南战争陷入泥潭、军事介入布拉格之春等问题上,无论是资本主义阵营,还是社会主义阵营,都有不少人对社会结构产生了怀疑。不是按照上面的指示,而是自己的事情自己解决,这种要求自治的呼声也随之高涨。1968年5月,在法国巴黎,爆发了被称为"五月风暴"的学生运动。针对镇压示威游行的政府,工人们也打出了"严禁'严禁什么什么'"等口号加入了游行的队伍。工人们占据了工厂,发动了一千多万人参加的大罢工。

"我有一个梦想"（1963年）

即便是在以自由和平等为理想、标榜民主主义的美国，对从非洲带来的黑人奴隶的子孙也有根深蒂固的种族歧视。黑人的孩子被禁止与白人的孩子一起玩耍，进入社会也不能找到理想的工作。马丁·路德·金牧师以实现不同的人种、宗教、性别、出生国的人能够共存的社会为目标，发起了民权运动。在1963年华盛顿大游行时，他发表了"我有一个梦想"的演说，一直致力于非暴力的运动，直至1968年遭到暗杀。

六日战争（1967年）

同一个民族建立起自己的国家。这种民族自决的想法是从19世纪末开始传播的，并出现了希望为犹太人建立国家的群体。1948年在巴勒斯坦的土地上，犹太人国家以色列宣告成立，而原先住在那里的阿拉伯人却被赶了出去。随着以色列的领土扩大而引发的混乱，也波及了阿拉伯各国，之后又将美国卷了进来，至今仍处于对立的状态。在1967年第三次中东战争中，以色列用6天闪电战打败了埃及、叙利亚等国家，占领地区扩大了4倍。

捣毁大学！（1969年）

在日本，对大学制度不满的学生发起了学生运动，并波及了全日本。各地大学都组织起了"全学共斗会议"（简称"全共斗"）组织，其中特别引人注目的是东京大学爆发学潮时，全国的学生都集结而至。戴着安全帽的学生们占据了东京大学的安田礼堂，但是，警察局在接到校方的请求后，于1969年1月出动了机动队，投掷了火焰瓶和催泪弹，并撤去了路障。由于持续混乱，这一年的东大入学考试被迫中止了。此后，因为学生组织内部也出现了分歧，学生运动逐渐平息了下来。

1968年 民众生活前后的世界

冰箱及宣传用的模拟太空服
嬉皮士的装束
活跃在时装界的伊夫·圣罗兰
美国的艺术家安迪·沃荷
电脑鼠标的原形
开采钻石（塞拉利昂）
秘鲁的斗牛
客机的飞行员和客舱乘务员

如何保持世界的平衡？

1968年，日本第一座36层的高层建筑在东京的霞关竣工了。同一时期，美国和苏联两个超级大国在宇宙开发领域互相竞争，阿波罗宇宙飞船将登月定为目标。日常生活中，与宇宙和未来相关的广告设计，以科幻小说为脚本的电影《人猿星球》也非常卖座。在美国，发明了电脑鼠标，现在使用的个人电脑和互联网的基础，此时正在一点点地构筑起来。就这样，现在比过去，将来比现在，生活变得越发方便，技术的进步令许多人感到无所不能的未来似乎已经近在眼前。然而，人们也渐渐地发现，在便利和技术开发的背后也出现了一些问题。

在非洲和亚洲新诞生的独立国家里，民族的争端和饥饿从未间断过。在一个原本并非是一个国家的地方，强行划出边境线，将语言和习惯并不相同的民众作为同一国国民整合起来统治，并不是一蹴而就的。

另一方面，曾经拥有殖民地的宗主国，战后看似富裕和发达，但是，从工厂排放出来的浓烟和垃圾也引发了疾病和公害。另外，以肤色和宗教不同为理由，很多人无法获得参政权和公民权。在北爱尔兰，同样是基督教徒，新

教教徒受到优待，天主教信徒却遭到歧视。在澳大利亚，土著居民阿波里基尼人（Aboriginal）为了获得公民权而发起了运动。

人们之所以对贫困、饥饿、公害、歧视等问题关注，与新闻广播能够同时报道世界各地的信息是有关系的。越南战争时，由派遣到战地的特派员和摄影记者拍摄的影像，通过电视传播到全世界。各国的报道机关竞相收集信息，将战争的悲惨状况公布于众，受到精神刺激的民众因此加入了反战运动。

不妨关注一下冷战时的广告和海报。在日本成立的"还我越南和平！市民文化团体联合"（越平联），在美国的报纸上用很大版面刊登了"不许杀"的意见广告。在资本主义国家，大量生产和大量消费的文化已经确立，广告一般是为了销售商品而投放的，因此，这个意见广告引起了人们的关注。另一方面，在社会主义国家，为了实现理想社会而鼓舞民众的海报贴满了街头。

1968年 前后的世界 民众生活
如何保持世界的平衡？

① 抑制环境污染！

产业发展的同时，也带来了环境污染问题。由此引发了人们的关注和呼吁。在法国、意大利、北欧、美国等各地，引发了反对大气污染的公害问题和核试验的运动。日本于1966年开始运营商业核能发电。因为广岛、长崎有过被原子弹轰炸的历史，金枪鱼渔船受到氢弹实验的放射性物质的辐射事件，所以，日本也有反对的呼声。1968年，因矿山排水里含有一种叫做镉（gé）的物质，致使许多人患上了"疼疼疼"的疾病。这些病人对造成问题的企业提起了诉讼。

② 融入音乐的愿景

1960年代登场的英国四人摇滚乐队组合"披头士"，在世界各地博得青睐，卖出了2亿3000万张唱片。在纽约的棒球场举办了史上首次大型音乐会，1966年还赴日举行了公演。实验型音乐对同时代的音乐家和年轻人的文化产生了极大影响。1968年披头士访问印度，尝试将宗教和哲学的体验融入音乐。乐队解散后，成员之一的约翰·列侬创作的《想象》，成为诉求和平歌曲的代表作，在民间广为流传。

③ 珍惜和平与自然（1969年）

对社会结构抱有疑问的年轻人呼吁珍惜自然与和平、互相友爱。这种主张与时尚和音乐结合，形成了一种叫做嬉皮士的文化。即，以开放情怀、回归自然为目标，留长发蓄胡须，穿戴传统的民族服装，甚至不穿衣服。据说有超过40万人参加的1969年美国野外音乐会（伍德斯托克音乐艺术节），聚集了很多这样的嬉皮士。

恪守传统的生活方式 ④

在一部分人享受流行服装和音乐的同时，也有一部分人珍惜代代相传的风俗习惯。全球范围的公民权运动扩大后，澳大利亚的原住民（Aboriginal，土著居民）获得了与白人同等的权利，市民地位也终于获得了认可。随着迁移到城市居住人口的增多，反过来传承传统文化的活动也开始活跃了。原住民艺术家制作的树皮画（bark painting）、岩石画（rock art）、点描画（dot painting）等，都与古老的礼仪和神话密切相关。

粮食不足！⑤

在非洲各地，从欧美各国的殖民地统治中独立出来的国家多了起来，1960年也被称为"非洲年"。但是，将原先好几个部族或少数民族居住的土地作为一个国家统合起来并非易事。1960年独立的尼日利亚联邦，有250个以上的民族生活在那里，由于东部州的分离独立而引发了战争。1968年尼日利亚联邦军队封锁了内陆部，切断了该地区的粮食和物质的供给。在这场战争中，200多万人丧失了生命。其中大部分是营养失调的儿童。

太太是魔女？⑥

家用电器产品会帮助主妇打扫卫生、洗衣、做饭做菜。20世纪60年代后期，各种各样的家电应运而生，大大地改变了原有的家务形式。现在已经随处可见的电饭煲也是这个时候普及的，它不仅能做饭，还具有定时器和保温等功能，使用起来变得更为方便了。另外，由于家用冰箱的普及，带动了冷冻食品的流行。在美国，软袋速食是作为宇宙开发的一个组成部分而生产的，在日本却被作为家用食品研发，其中只要加热就能食用的咖喱受到了消费者的青睐。

1989年前后的世界

社会结构

冷战终结

第二次大战后持续了很长一段时期的冷战体制，将世界分割成东西两个阵营。但是，随着苏联的政治、经济陷入僵局，其体制发生了动摇，世界开始进入了新的时代。

1980年代后期，苏联放宽了国内的各种限制，缩小了军备。这种方针转变带来的结果是，从社会主义国家内部发出的要求民主化的呼声愈发强烈了。在共产党一党统治的匈牙利和波兰等东欧各国，也逐渐实行了从多位候选人中选举代表的制度。

1989年11月，象征东西德国分裂的柏林墙倒塌了，这是通往冷战结束之路、具有象征意义的大事（①）。12月，美国的布什总统和苏联的戈尔巴乔夫总书记在马耳他岛举行会谈，宣告冷战结束（③）。1991年，曾经是苏联一部分的波罗的海三个国家、格鲁吉亚和乌克兰等相继宣布独立，超级大国苏联解体后，变成了现在的俄罗斯联邦。

但是，纵观世界，并不是所有的民族和地区都获得了独立。在此之后，很多地区的民族纠纷仍在继续发生。世界上不能以民主的选举方式选出领导人的国家和地区还大

分割世界的冷战结束后，世界真的走向和平了吗？

美国的布什总统（右）与苏联的戈尔巴乔夫总书记（左）

航天飞机"发现者"号

古巴共和国的卡斯特罗议长

日本的竹下登首相

参加萨尔瓦多内战的士兵

APEC第一次会议，澳大利亚的波比·霍克首相倡议

量存在，在军事政权统治的国家缅甸（Burma，现称Myanmar），带领民众掀起民主化运动的昂山素季在1989年遭到软禁，此后很长一段时间被禁止离开自己的住处。

苏联解体后，美国成了唯一的超级大国，围绕中东地区的国际关系也发生了变化。虽然因边境问题而对立的伊朗和伊拉克的两伊战争于1988年停战，但是，1990年因为伊拉克入侵科威特，于是，由美国、英国、法国等组成的多国部队开始进攻伊拉克，海湾战争就此爆发（④）。

我们再来关注一下经济结构。因冷战而一分为二的经济圈开始互接，很多国家加入了以美国的美元作为互通货币的市场经济。有些地区则通过建立类似欧洲联盟或APEC（亚洲太平洋经济合作组织）等超越国家的机构，探索经济合作（⑤）。

1986年，苏联的切尔诺贝利核电站发生了核泄漏事故，跨国环境问题引起了人们的关注。因飞散的放射性物质引起的污染扩散，由于苏联政府的隐瞒，以至于整个危害情况直至好多年之后才弄清。

23

1989年 前后的世界 社会结构

冷战终结

① 墙被推倒了!

在第二次世界大战中战败的德国,被分割成资本主义的西德和社会主义的东德。旧德国的首都柏林也被分割成东西两块,在东西柏林的分界线上,筑起了阻止居民往来的高墙。1989年11月,东德的政府发言人宣布制定准许东德民众赴西德旅游的法律。以此为契机,兴奋的柏林市民聚集在一起,用自己的双手推倒了隔离墙。东德和西德的统一势不可挡,并于第二年正式实现了统一。

② 街上的石子也是武器(1987年)

自1967年以来,在以色列占领下的巴勒斯坦加沙地带,因卡车事故引发了巴勒斯坦人的不满。从1987年12月起,又引发了民众暴乱。没有武器的民众和孩子也以扔石头的方式抗议以色列的占领,并抵制以色列的商品。1988年,阿拉法特领导的巴勒斯坦解放组织(PLO)宣布成立巴勒斯坦国家,发表了与以色列共存为目标的设想。但是,以色列此后仍然采取敌视PLO的态度,冲突并未平息。

③ 东西双方的握手

1989年12月,美国的布什总统与苏联的戈尔巴乔夫总书记在地中海的马耳他举行会谈,宣布结束冷战。这是苏联和美国的首脑第一次共同举行记者会见。随着社会主义体制陷入僵局,苏联的国力衰弱,1986年的切尔诺贝利核电站事故更是雪上加霜。在美国,里根政权时期被称为"里根经济"的经济政策并未达到预期效果。于是,双方选择了相互合作的道路。受雅尔塔会议(1945年)制定的世界框架体系结束的影响,这种合作也被称为"从雅尔塔到马耳他"。

石油什么价格？(1990年)

与伊朗的战争结束后，负债累累的伊拉克为提高石油价格，向欧佩克（OPEC，石油输出国组织）提出了石油减产的要求。但是伊拉克的要求不但没有被接纳，科威特和沙特阿拉伯反而提高了石油产量。1990年，萨达姆·侯赛因领导的伊拉克军队侵占了科威特。在这种局势下，曾经在伊朗、伊拉克战争中支援过伊拉克的美国谴责了伊拉克的行为，并组建了以美国为中心的多国军队，打响了海湾战争（1990—1991）。处于劣势的伊拉克军队只得采取焦土作战计划，放火烧了油田，大火持续燃烧了好几个月。

"欧洲"齐心协力（1992年）

第二次大战后，西欧各国致力于建立欧洲各国共同体（EC），以推进经济和军事方面的合作。冷战结束后，东欧和中欧的国家也加盟了进来。1992年的马斯特里赫特（荷兰东南部城——译者注）条约使EC脱胎换骨成为欧洲联盟（EU），其目标是整合欧洲的经济和货币以及政治结构。但是，部分国家担心，如果以欧盟的基准为标准调整国内的政治和经济结构，本国的农业就会在竞争中受到损害，被大国的意见所左右，因此，有些国家没有加入。

"平成"的诞生

时代和年历的名称与社会结构有着密切的关系。日本除了使用以基督诞生年为基准的西历之外，还使用天皇换位等改变年号的和历。1989年日本昭和天皇去世后，皇太子作为新的天皇即位。新的年号被命名为"平成"，时任官房长官的小渊惠三举起了书有"平成"二字的匾额，公布了年号。从那时起，持续增长的日本经济开始徘徊，之后被称为"平成不景气"。另外，购买商品时支付的消费税也是从这一年开始实施的。

1989年 民众生活前后的世界

- 游牧民族居住的"包"（蒙古）
- 因粮食不足而排队的民众（波兰）
- 亚美尼亚的大地震 ①
- 穿着查德尔罩袍的女性（伊朗）
- ③
- 中国的少数民族
- 不丹的民族服装
- 吸水烟的人（科威特）②
- 祆（xiān）教教徒母子（伊朗）
- 利比里亚内战，成了难民的孩子
- 农村祭祀的服装（泰国）
- 非法狩猎导致非洲象数量减少
- 生活在印度农村的人们
- 缅甸的儿童

缩小的差异与扩大的差距 ⑤

　　苏联曾经是社会主义国家的中心。苏联解体后，被称作自由贸易圈的独一无二的市场开始占据整个世界。至此，资本主义国家的服装和饮食文化渗入到了世界各地。在社会主义国家，之前因审查制度而无法阅览的外国文学作品可以自由阅读了。通信手段也从这个时期开始迅速发达了起来。1989年，第一部可以放进衣服口袋大小的手机在美国登场，随后，也在日本上市了。

　　但是，如此一来，西方（资本主义各国）的影响力扩大后，世界的文化是否就会变得相同呢？事实并非如此。譬如说人们的服装就因地区及民族、宗教、立场的不同而各种各样。在伊朗，1979年革命后，伊斯兰教的宗教领袖统治了国家。基于伊斯兰教的教义解释，法律规定女性外出时必须用围巾罩住头发。与之相反，法国禁止将宗教及信仰的烙印带进公共场所，由于命令在公立中学读书的女学生摘掉围巾而引发了争议。在不丹，为了保护传统文化以及自古以来的习俗不受急剧的社会变化及经济发展所带来的弊端侵蚀，从1989年起，规定在公共场所必须穿民族服装。

相似的产品和娱乐在世界各地实现了共享，而衣食住的习俗依然保留了各地的特色。

手机登场

超越国界的人气明星，麦当娜（左）和麦克·杰克逊（右）

油轮在阿拉斯加湾触礁，泄露的原油导致大批海獭死亡

旧金山发生了7.1级的大地震

海地的儿童

危地马拉的生活掠影

日本的便携式游戏机（Game Boy）

秘鲁的儿童

一方面是民主主义的理想在扩大，希望每个人都能平等地参与社会。另一方面，纵观世界各地，贫富差距的问题也很显著。在波兰，从共产党的一党领导逐渐转变为自由选举。人们期待着生活水平会由此提高，然而，粮食供应持续不足，民众不得不在面包店前排起了队。苏联解体后，依然维持社会主义体制的古巴，遭到了来自美国的进口限制（④）。在采取亲美政策的阿根廷，以促进自由竞争为名义，自来水、煤气和邮政等国营企业转向了民营企业，造成了很多员工下岗，扩大了贫富差距。

在餐饮方面，以麦当劳为主的快餐店在全世界普及。在社会主义国家和发展中国家，这些快餐店也受到了欢迎（③）。但是，在其发源地的美国和墨西哥等国家，由于廉价的汉堡包和汽水的原因，导致出现了贫困民众肥胖的问题。另外，值得指出的是，大量生产的背后也存在着滥用农药和资源浪费、对当地农业造成破坏等问题。与这种趋势相对抗，也出现了控制使用农药的有机农业、重视传统饮食文化的慢食运动。

1989年 前后的世界 民众生活
缩小的差异与扩大的差距

① 墙的那一边

西德和东德的民众由于生活在资本主义和社会主义两个不同结构的社会里,因此,他们的生活也出现了不同的变化。东德生产的小轿车品牌,是以与苏联人造卫星相关的特拉班特(卫星)命名的。被称作安培尔萌(带帽小绿人)的可爱的信号灯标识,也是1960年代诞生于东德的造型。1990年东西德国统一时,西德的生活用品和造型也在东德普及,信号灯也差点被更换,不过,最终深受市民喜爱的安培尔萌还是被保留了下来,现在成为街头的象征性标志。

② 全家一起看电视

20世纪80年代,电视机在许多国家成为日常生活的一部分,日本的动画片和电视剧也出口到海外。如同日本的孩子看迪斯尼的动画片一样,法国的孩子们喜欢看日本的《龙珠》。描写出生于日本山形县(省)贫苦少女一生经历的电视连续剧《阿信》在六十多个国家播出。持续了八年的伊朗、伊拉克战争停战后不久,该片在伊朗播出后也广受欢迎。主人公虽然身处困境,但仍不懈努力奋斗的形象,引起了伊朗民众的共鸣。

③ 麦当劳来了

总部设在美国的麦当劳快餐店,自1967年打进加拿大和波多黎各市场以来,已经在全世界119个国家开设了分店。重视合理化的快餐食品业对牧场和农场的经营、甚至粮食的生产方法和烹调方法都产生了很大影响,以至于整个社会都被喻为"麦当劳化"了。1990年,麦当劳在社会主义国家苏联的首都莫斯科开出了1号店。苏联政府开放了市场以便招商引资,为了促使经济走出低谷,对麦当劳在苏联的业务给予了支持。为了吃汉堡包,5000人冒着严寒排起了长队。

老美车是个宝 ④

在位于中美洲的加勒比海国家古巴，即便到了1989年，20世纪50、60年代生产的美国旧车仍然在街上行驶。1959年，卡斯特罗带领民众掀起了革命运动，推翻了与美国关系密切的政权，1961年宣布实行社会主义。对此，美国与古巴断交，并对其实施了经济制裁，致使古巴无法从美国进口新车了。因为没有足够的外汇购买其他国家的汽车，古巴的老百姓就一直使用革命前进口的、旧的美国产汽车（老美车），修修补补，珍惜地使用着。

同乘一辆公交车 ⑤

在仍有殖民地时代残余影响的南非，1950年代开始采取了人种隔离政策（apartheid）。这里的人被分成白人、混血儿（coloured，与原住民的混血）、亚洲人、黑人，人种之间有不平等的歧视对待。纳尔逊·曼德拉致力于反人种隔离政策的运动，但1961年遭到逮捕。1989年，就任总统的德克勒克竭力与黑人开展对话，这样，被关押了27年的曼德拉获得了释放。1991年，种族歧视的法律被废止后，不论肤色如何，谁都可以在交通工具上、在他人的座位旁入座。曼德拉后来成为南非首任黑人总统。

泡沫能够膨胀到多大？ ⑥

市场上交易的土地和住宅、股票等价格，如果与原来的价值相比上升得太离谱，这种状况就称为泡沫经济。1980年代后期的日本，有些人相信土地价格必定会上涨，便从银行贷款买卖土地，随着经济形势变好，国民人均所得也增加了。有的人拿着一叠叠的钱，坐着出租车，穿着艳丽的紧身衣（body-conscious）跳起迪斯科舞，享受着奢华的生活。但是，进入1990年代后，泡沫经济破裂，之后是持续绵延的经济衰退。

〈专栏〉

芭比娃娃的历史

"人偶娃娃"的代表芭比，
备受全世界的青睐。
其变迁的历史，
反映了社会和价值观的变化。

在博物馆有没有看到过古代的"埴轮（haniwa，日本土俑——译者注）"？人类从远古时代就开始模仿人的形象制作人偶了，其习惯和意义或因地区和时代差异而不同，但是，现代世界的人偶作为儿童玩具受到喜爱。替换衣服、喂奶、哄睡觉……孩子们在玩人偶的过程中学习周围的事物。

人偶娃娃中最有名的，要数美国的芭比娃娃了。在历史上，芭比娃娃的登场是一件特别的大事情。为什么这么说呢？我们一起来看看吧。

芭比娃娃的登场

芭比娃娃诞生于1959年。在此之前，孩子们的玩具娃娃一般都是抱在手里的、娃娃脸的人偶。然而，芭比娃娃的设计是身着最流行时装的十多岁的模特儿，体型也接近成人。这是一款美国的玩具制造厂商——美泰公司的联合创业者汉德勒夫妇为了能激发起少女们的憧憬之心而设计的、商品化了的人偶。

在美国，当初也有妈妈们表示成人的外表造型不适合儿童。但是，随着电视机的普及，芭比在受到广告影响的十多岁的女孩子们之间备受青睐，1965年的销售额突破了1亿日元。

此后，芭比娃娃吸收时尚和流行的元素，几乎每年都推出新的款式。它的变化反映出时代的气息和孩子们憧憬的女性形象，因而颇具新意。譬如，从1980年代后半期开始，芭比摇身一变，不仅扮成了客舱工作人员（女乘务员），还装扮成了飞行员，反映了男女平等的思想。在美国宇宙开发鼎盛期，也作为宇航员活跃过。上架当初是"秋波眼"的表情，从1971年开始转向正面，1977年露出了牙齿、出现了笑容。一般认为这是女性自我主张的流露。

呈现不同地区的文化和风俗

1962年在日本也推出了芭比娃娃，为使当时的日本孩子们容易接受，特意制作了穿和服、黑眼睛、面向日本市场的芭比。1967年，芭比的有色皮肤的表妹"弗朗西"在美国第一次登场。自那以后，黑皮肤的非洲系、拉美系、亚洲系的人偶娃娃，都作为芭比的朋友加入了芭比的朋友圈。还有穿戴各种民族服装的、扮成皇帝、女王形象的芭比。这些芭比娃娃，不仅是孩子们，也是成年人喜爱的收藏品。为使世界各地的孩子们容易接受，芭比被设计成符合各种地区文化和风俗习惯的版本。白色肌肤和金发不再是代表美丽的唯一象征，这种尊重多样化的理念，也是芭比在世界各地受到欢迎的理由。

风靡全球的时尚娃娃

随着芭比娃娃的成功，美泰公司之外的公司也接二连三地推出了类似的人偶（时尚娃娃）。日本的玩具公司TAKARA（宝）在1967年推出了日本产的"丽佳（Licca-chan）"。丽佳是以小孩子为对象、以"家"为舞台、可以玩过家家的，因此还有爸爸、妈妈等家庭成员的人偶。丽佳博得人气的同时，芭比的销量却失去了原来的势头而下滑。于是，美泰公司于1982年与宝公司合作开发出了"宝芭比"。

世界上还有遵照伊斯兰教的教义，不希望女性在家门外露出皮肤和头发的国家。在沙特阿拉伯，芭比娃娃是被禁止销售的。在这些国家里，作为替代芭比的人偶，中东的公司推出的"芙拉"（茉莉花之意——译者注）广为人知。2003年起开始销售的"芙拉"用头巾遮住头发，身着露肤较少的衣服。而在对服装相对宽容的埃及，也有穿牛仔裤和戴色彩鲜艳的围巾等款式。芭比还有一个叫做肯尼（Ken Carson）的男朋友，而芙拉没有找男朋友的计划，这也反映了婚前不主张有男朋友的地区文化。

时尚娃娃与现代消费文化

从时尚娃娃的流行变化可以看出，以美国为主的资本主义国家出现的"消费文化"，在冷战终结后扩大到了全世界。孩子们看到电视里的商业广告，便接连不断地购买新推出的人偶、人偶的服装和饰品。以前各地都有的手工人偶、坏了的东西缝缝补补仍然继续使用并传承下去的文化正在渐渐地消失。

芭比娃娃遭到指责的另一个问题是，芭比那种瘦身、长腿、小脸的形象，会不会给孩子们留下一种那是应该追求的、美的印象。与头发和肤色一样，体型本身也是各自天生的。是不是只有修长苗条才是审美的唯一标准呢？这个问题值得我们思考。

尽管有这样那样的疑问，不过，时尚人偶也刷新了"女孩子要有女孩样儿"的传统价值观，给孩子们带来了新的感觉。还有，不同地区的各种时尚娃娃，也反映出了仅仅靠美国式的"消费文化"并不能表达多样化的现状。并且，人偶的玩法可以发挥想象，如：可以延伸到与主人公的人偶一起，与家庭成员或朋友度过怎样的时光，周围展现的是怎样的世界等，这种想象也颇有情趣。

在埃及出售的裹着头巾的人偶

1. 穿美军制服的芭比（1992年）
2. 宇宙飞行员的芭比（1965年）
3. 穿日本和服的芭比（1996年）
4. 1959年上市的、最早的芭比娃娃
5. 黑皮肤的芭比（1980年）

1~5 ⓒ 2015 Mattel. All Rights Reserved.

2010年前后的世界

社会结构

超越"国民国家"

　　基于"国民国家"思维的社会结构,虽然是从19世纪开始发展起来的,但是,第二次世界大战和冷战后,新诞生的国家越来越多了。即便是最近,2011年南苏丹共和国也从苏丹分离并独立了。在奥林匹克运动会和足球世界杯等赛场上,运动员作为国家的代表互相角逐的场面很多,世界看上去好像是由独立国家聚集而成似的。

　　实际上,地球上的陆地和海洋并没有分界线,任何地方都是连接着的。但在一些地方划出分界线,围绕边境永无休止地纷争却是事实。乌克兰境内的克里米亚半岛半数以上的人口都说俄语。2014年,岛上居民投票的结果,决定以克利米亚共和国的名义从乌克兰独立,其后又加入了俄罗斯联邦。但是,美国和欧盟各国对此都表示反对。其原因就在于克里米亚半岛在军事上占据重要位置,与资源丰富的黑海相连,所以,谁都不愿意放手。

　　人类的活动和信息的传播不会因边界而受阻。当然,其中发生的问题,大多数都不是靠一个国家的力量就能解决的。

　　2001年纽约发生系列恐怖事件之后,以基地组织为

首的、超越国境的恐怖组织作为威胁美国主导的世界秩序的组织受到关注。这些组织通过互联网，在全世界构筑起自己的网络。与之前国家与国家之间的战争不同，只要问题背后的贫困不消除，他们对自身的要求没有得到重视而感到不满的话，这些问题就无法解决。

由于战争和自然灾害、环境污染等原因，人们不得不离开自己曾经居住的土地或国家，这种状况从未间断过。譬如，2011年前后爆发的叙利亚内战，200多万人成了难民，急需获得超越国境的支援。2011年东日本大地震和海啸，加上核电站事故散发出的放射性物质，污染了大范围的地域和海洋。为此，许多人不得不背井离乡，被迫过着避难的生活。

民族国家加盟联合国，通过商谈决定如何解决问题。但是，如果商谈拖得太久，有时事态就会恶化。人口和经济能力不对等的国家在平等的基础上讨论，并不是那么容易的事情。即使是遥远的国家和地区的问题，作为在同一个地球上发生的事情，也应该引起我们每一个人思考。

2010年 前后的世界 社会结构
超越"国民国家"

① 破产对世界的冲击（2008年）

2008年，美国的莱曼兄弟控股投资银行破产了。超越国界、拥有巨额交易的大银行破产对全世界造成了影响。投资银行所做的交易是证券商品，证券的价格是每时每刻都在发生变化的。因与市场联动，所以，既有巨额盈利的时候，也有巨额亏损的时候。受到"莱曼休克"的影响，爱尔兰和希腊政府资金不足，继而又引发了欧盟全体的经济衰退（欧元危机）。欧盟的24个国家因为使用共同的货币，因此，财政的困境也超越了国境，由这些欧盟国家共同承受。

② 秘密总有一天会被曝光

互联网在为我们的生活带来了便利的同时，信息也变得难以保密了。澳大利亚的朱利安·阿桑奇创办了一个不透露各国政府相关人员的姓名、却能公开机密信息的维基解密网站。这个网站曝光了伊拉克战争期间，普通民众遭到杀害的事实和大量的外交机密文件。另一方面，在美国谍报机关工作的爱德华·斯诺登揭发了政府随意窃取国民个人信息的行为。各国政府都在竭力获得需要的信息，掩盖对己不利的事实。

③ 是核武器，还是原子能？

原子能发电，是从铀等极稀有物质中释放巨大能量的方法。但是，同样的技术也可以用来制作原子弹和氢弹等核武器。1957年，在美国主导下成立的国际原子能机构（IAEA）为了防止原子能不至于转化为核武器，对全世界的原子能发电设施实行了监视。2010年，伊朗、朝鲜、叙利亚被怀疑有可能正在开发核武器。但是，也有人提出批评，认为只有一部分大国可以拥有核武器的状况是不平等的。

谁是坏人？

2001年美国世贸中心大楼和国防部五角大楼遭到了飞机撞击的恐怖事件。美国的布什总统打着"反恐战争"的旗号，攻打了被视为与事件主谋本·拉登关系密切的、塔利班政权统治的阿富汗。2003年，又以怀疑藏匿大规模杀伤性武器为由攻打了伊拉克，造成了众多普通民众的死亡。2010年战争宣告结束后，由于伊拉克的宗派和部族的对立，接二连三地发生了使用汽车炸弹的恐怖活动，暴力的连锁反应一刻都没有停止的迹象。

阿拉伯之春

2010年12月在突尼斯，一位青年向政府抗议后自杀了，以此为契机，突尼斯爆发了抗议示威运动。本·阿里总统逃往外国，突尼斯结束了23年的独裁统治。阿拉伯各国长年独裁政权较多，因此，引发了其他阿拉伯国家民众的不满。持续了30年的埃及穆巴拉克政权，持续了42年的利比亚卡扎菲政权，持续了33年多的也门萨利赫政权相继被推翻了。这些变化被称之为"阿拉伯之春"。不过，政权被推翻之后，选择一个更好的政府也不是一件容易的事情，许多国家至今仍然处于混乱中。

上海世博会

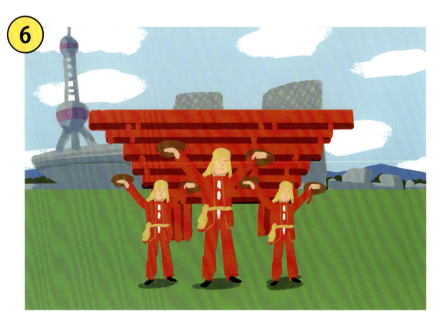

2010年5月至10月，中国在上海举办了国际博览会。世界各国首脑出席了开幕式，国家主席胡锦涛宣布开幕，10万发烟花照亮了上海滩。首次参加世博会的朝鲜建造的"朝鲜馆"也引起了人们的关注。世博会期间，入场人数超过了7千万人次，创下了历史最高纪录。自2000年以来，中国经济取得了惊人的增长，为了迎接世博会，地铁交通网络四通八达，消费市场不断扩大，进而带来了更大的经济效益。2011年，中国成为世界第二大经济体。

2010年 民众生活前后的世界

- 在世界各地运送货物的货运机
- 格陵兰岛的家
- 北美洲的农民
- 欧洲受人欢迎的歌唱比赛"欧洲电视歌唱大赛"
- 苹果公司的乔布斯发布iPad
- 毛里塔尼亚的沙漠
- 哥伦比亚种植咖啡
- 货轮

应对信息社会与瞬息万变的环境

在悠久的历史长河里,人类越过大陆和海洋,一直在移动中交换物资和信息。在我们现在生活的2010年代,移动的人、物资、信息量之多已经令人难以想象,交流的范围越来越大,其速度之快也是人类从未经历过的。与从前寄一封信需要好几天的时代不同,现在,即便是遥远的人或者同时与众多的人,也能瞬间进行交流。互联网普及后,不仅国营广播电视或大企业支撑的电视台,即便是个人也能直接发布信息了。

2011年日本东部大地震时,以推特为主的社交媒体平台在信息交换和确认安全时发挥了作用。2014年,遭到以色列空袭的巴勒斯坦少女,将拍摄的照片上传到了互联网上,第一时间传递了城市惨遭破坏的信息。

食品和日用品的流通也令人惊叹。跨越世界各国的生产或贸易的公司早已有之,但是现在,无数的商品是在纵横交错的互联网上流通的。想要什么东西的话,马上就可以到手。乍一看似乎是一个非常方便的世界,但是,这并不意味着所有的人都过上了富裕的生活。

譬如,我们通过互联网只需按一下按钮,第二天商品

就会送上门。支撑这种营销模式的,或许是24小时服务的配送中心,在恶劣的劳动条件下工作的员工。在为著名的IT跨国公司制造产品的工厂,工人们因为无法忍受连节日都不能休息的劳动条件,数千名员工举行了大罢工。日本也将工厂迁移到工资便宜的海外,导致地方经济每况愈下。

再来关注一下全球的环境吧。有数十亿年历史的地球的环境,正在急剧地发生着变化。地球上约两千万种生物,构筑起了彼此互相平衡的生态系统。但是,近一百多年来的人类活动,给自然界带来了前所未有的剧变。一般认为每年有5万种生物灭绝。谁都无法预知,一旦自然界失去平衡,会对我们的生活产生怎样的影响?

地球上能支撑我们生活的资源和自然物资是有限的,全世界的人类如何共享这些财产,是我们共同面临的、不可回避的课题之一。

2010年前后的世界 民众生活

应对信息社会与瞬息万变的环境

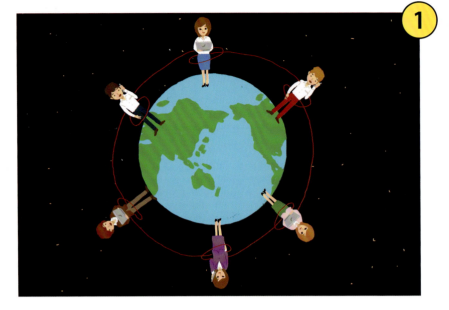

1 与全世界的朋友对话吧

作为交流手段,全世界都在使用互联网。一般认为现在有10亿以上的人在使用社交网站(SNS)。通过社交网站,人们可以向全世界发照片和视频,也可以与爱好相同的人或群体进行交流。另外,像在"阿拉伯之春"时那样,还可以通过共享并传播视频、照片,用于示威游行和集会等政治性活动。社交网站使人们可以与地球另一边的朋友们瞬间联系上,这一点确实方便。不过,这样一来,与身旁的人会话的机会或许就减少了。

2 空中的混乱

世界上的主要机场,每天都有很多飞机在起飞和降落,空中的交通网也错综复杂地交织在一起。随着飞机起飞的次数增多,广阔的天空也会发生交通堵塞,受到自然影响的情况也会增多。2010年冰岛火山喷发,欧洲北部的天空被弥漫的火山灰所覆盖,造成大范围的飞机停运。无法输送的货物堆满了机场,部分乘客为了等待航班起飞,不得不在机场过夜。

3 女孩子也想去学校读书

无论出生于怎样的家庭,无论是什么性别,都能获得平等的教育机会,这对消除歧视和贫富差距是很重要的。但是由于贫困、童工、战争等各种各样的理由,世界上还有无法接受学校教育的儿童。由于宗教和习惯的原因,也有认为女孩子不应该接受学校教育的地区。住在巴基斯坦的15岁少女马拉拉·优素福扎伊,因为呼吁受教育的权力,生命受到威胁,在放学路上遭到了枪击。康复后的马拉拉,继续为全世界儿童都能获得学校教育而奔走。

"世界制造"的商品

随着物资和信息传递速度的加快，从事跨国和跨区域商业活动的跨国公司多了起来。飞机、汽车、手机、电脑等产品，都是用来自世界各地的部件和技术组装而成的。也有部分业务是委托国内外其他企业完成的。譬如，如果打电话咨询已购商品情况时，其实有可能是连接到外国的电话服务平台的。人口众多的中国和印度等国家近几年实现的经济高度增长的背后，也有跨国公司的贡献。

如果岛沉没了

由于热带雨林的砍伐等人类活动的原因，环境遭到了破坏，因此失去了原先居住地的"环境难民"多了起来。生活在巴布亚新几内亚环礁卡特雷诸岛的人们，就是被强迫移居的"环境难民"。因为全世界的气候变化引起了海面上升，海岛开始沉降了。海岛沉没不仅使人们失去了居住的地方，海水对农作物带来的危害，也会令人担心粮食不足。类似这种情况，今后说不定世界各地都会出现。

我们的大家庭

1800年前后约10亿的世界人口，一直在持续增加，2014年突破了70亿。然而在日本，2009年以后人口在减少。新生儿出生人口持续减少、平均寿命延长而导致高龄者增加的"少子老龄化"现象，很大程度上也影响了社会现状。人们开始需要适合育儿和老人护理的社会环境。虽然人口剧增的地区和减少的地区有其各自不同的问题和课题，但是，为了让大家都安心地生活，作为生活在地球大家庭的一员，我们需要彼此互相帮助。

图书在版编目(CIP)数据

变化不息的世界/(日)寺田悠纪撰文;(日)伊藤弘通绘画;张厚泉译.
—上海:复旦大学出版社,2018.6
(全景世界史)
ISBN 978-7-309-13701-9

Ⅰ.变… Ⅱ.①寺…②伊…③张… Ⅲ.世界史-青少年读物
Ⅳ.K109

中国版本图书馆CIP数据核字(2018)第105722号

Wagiri de Mieru! Panorama Sekaishi 5. Kawaritsuzukeru Sekai
Supervised by Masashi Haneda, text by Yuki Terada, illustrated by Hiromichiito
Copyright© 2015 by Masashi Haneda, Yuki Terada and Hiromichiito
First published in Japan in 2015 by Otsuki Shoten Co., Ltd.
Simplified Chinese translation rights arranged with Otsuki Shoten Co., Ltd.
through Japan Foreign-Rights Centre/ Bardon-Chinese Media Agency
上海市版权局著作权合同登记图字:09-2017-228号

图书在版编目(CIP)数据

全景世界史 / (日) 羽田正总主编; 张厚泉译.
—上海:复旦大学出版社, 2018.6
ISBN 978-7-309-13701-9

Ⅰ.全… Ⅱ.①羽…②张… Ⅲ.世界史-通俗读物 Ⅳ.K109

中国版本图书馆CIP数据核字(2018)第110053号

全景世界史
[日]羽田正　总主编　张厚泉　译
责任编辑/吴　湛

复旦大学出版社有限公司出版发行
上海市国权路579号　邮编:200433
网址:fupnet@fudanpress.com　http://www.fudanpress.com
门市零售:86-21-65642857　　团体订购:86-21-65118853
外埠邮购:86-21-65109143　　出版部电话:86-21-65642845
上海中华商务联合印刷有限公司

开本 890×1240　1/16　印张 14.75　字数 678 千
2018 年 6 月第 1 版第 1 次印刷

ISBN 978-7-309-13701-9/K·660
定价:248 元

如有印装质量问题,请向复旦大学出版社有限公司出版部调换。
版权所有　　侵权必究

横切・纵览・俯瞰！ 全5卷

全景世界史

❶ 世界史伊始
❷ 多样化的世界
❸ 海陆相连的世界
❹ 开始巨变的世界
❺ 变化不息的世界

总主编 羽田正

1953年生，东京大学东洋文化研究所教授（世界史・比较历史学）。主要著作有《伊斯兰世界的创造》（东京大学出版会）、《新世界史的建构》（岩波新书）等。不拘泥于国民国家或欧洲对亚洲的这种框架，提倡新的世界史＝全球史的叙述，致力于与各国历史学者之间的合作研究。

撰文 寺田悠纪

1986年生，东京大学大学院综合文化研究学科博士课程（伊朗地区文化，博物馆研究）。

绘画 伊藤弘通

1971年生，插图画家。美术大学研究生院图案科（美国・加利福尼亚）毕业。东京图案家协会（TIS）会员。http://hiromichito.com

翻译 张厚泉

1963年生，东华大学教授，学术博士。主编《新版中日交流标准日本语电视讲座》、十一五、十二五国家规划教材，参编《日中辞典 第三版》（小学馆）等。东京大学东洋文化研究所访问研究员、中国翻译协会专家会员、上海翻译家协会会员。